멋진 남편을 만든 아내

멋진 남편을 만든 아내

성격장애 남편을 변화시켜 가정사역자로 만든 아내의 이야기

이영애 지음

베다니출판사

멋진 남편을 만든 아내

이영애 지음

1쇄 발행/2002. 5. 20
14쇄 발행/2008. 6. 20

발행처/베다니출판사
발행인/오생현
등록번호/제 3 - 413호
등록일자/1992. 5. 6

서울시 송파구 문정동 78-19호 베다니선교빌딩4층 (우편번호 138 - 868)
주문/전화 448 -9884~5 팩스 448 -9910
Email/bethanyp @ hanmail. net
Homepage/www.bethany.co.kr

판권소유 ⓒ 베다니출판사 2002
값 11,000원
ISBN 89 - 85680 - 80 - 3   03230

CONTENTS ONE

머리말 / 13
시 / 21
추천사 / 23
감사의 글 / 35

1부 갈등의 세월

1. 만남에서 연애시절 이야기
인생은 만남의 연속이며 모험 / 47
영어회화 좀 가르쳐 주세요 / 48
결혼 제의 / 49
데이트와 연애편지 / 51
결혼 비용 문제 / 53
갑작스런 결혼 날짜 결정 / 54
정리 및 도움말

2. 준비 없이 시작한 결혼초 이야기
준비 없이 시작한 결혼 예식 / 63
정해지지도 않은 신혼여행지 / 64
결혼 반지를 내다팔다 / 66
새신랑의 늦은 귀가시간 / 67
드디어 모임을 떠나다 / 68
신혼초에 잘 했던 일들 / 70
정리 및 도움말

3. 갈등과 번민의 역기능 가정 이야기

　잔소리가 정신병 만든다 / 79
　남편의 폭언 / 80
　누구도 막지 못하는 쇼핑중독과 낭비벽 / 83
　이불 때문에 잠을 못 잤어! / 85
　시한폭탄 같은 남편의 분노 / 86
　정리 및 도움말

2부 회복의 과정

4. 회복의 길에 들어서다

　점점 심인성 질환자가 되어가다 / 97
　성격장애자와 함께 살면 신경증 환자가 만들어진다 / 100
　저질로 나올 때는 저질로 대해라 / 102
　사랑의 교회는 영적인 병원이었다 / 106
　대사관에 사표를 던진 남편 / 109
　청천벽력 같은 성희의 정신분열증 / 111
　아골 골짜기에서 소망의 문을 열어 주신 하나님 / 116
　남편의 상담심리학 공부를 결정하다 / 117
　남편의 궁금했던 성장 과정 / 120
　시어머님의 소천 / 124
　우리 부부를 도운 카운슬러들 / 126
　내 삶의 슬로건과 좌우명들 / 129
　정리 및 도움말

CONTENTS THREE

5. 내 생애를 변화시킨 밑거름
네 살 때의 충격적인 사건 / 143
내 생애의 중요한 전기 / 144
출발부터 순탄치 않은 결혼생활 / 145
삶의 방향을 제시해 준 책 / 147
기차 화장실에서 드린 아름다운 기도 / 149
남은 생애를 어떻게 살 것인가 / 151
강한 척했던 내 자신이 깨지다 / 154
희망이 보이다 / 155
위기를 성장과 성숙의 기회로! / 157
정리 및 도움말

3부 성숙을 향한 도전

6. 미국 유학과 치유
큰 뜻을 품고 유학을 떠나다 / 167
마지막까지 힘들게 한 남편의 분노 / 170
미국의 교민생활 / 174
4년 유학의 보상 / 177
상담훈련 준비 / 179
이단과의 투쟁 / 181
마지막 관문 : 남편의 일중독 쳐부수기 / 182
역기능 가정의 자녀교육 / 191

어버이날의 축하편지 / 193
자녀양육을 위한 기도문 / 197
정리 및 도움말

4부 변화의 열매들

7. 가정사역자로 함께 사역하다
신성회를 시작한 동기 / 207
신성회 사역을 통한 열매들 / 209
신성회에서 하는 사역 / 214
신성회 추천 도서목록 / 217
신성회 회원이 되려면 / 219
독서모임을 통해서 얻을 수 있는 유익한 점 / 221
정리 및 도움말

8. 가정생활과 정신건강
누가 건강한 사람인가 / 232
정신건강을 위한 대안 / 235
정리 및 도움말

9. 삶속에서의 짧은 묵상들
가정사역 / 249
비인격적인 은사자들 / 251

도움도 요청할 때 도와주라 / 252
영혼이 잘 되면 모든 것이 다 잘 풀린다? / 253
휴식과 노는 것의 차이 / 255
자기 마음밭을 살피라 / 256
꺼져가는 모닥불 지피기 / 258
용서는 발견이다 / 259
정신병도 선택이다 / 260
정신건강이 먼저 중요하다 / 262
의미요법 / 263

정리 및 도움말

에필로그
   인생은 이런 것 / 273

가정을 위하여(시) / 278

결혼의 성공은

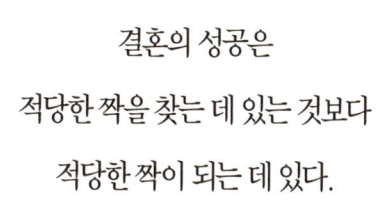

적당한 짝을 찾는 데 있는 것보다

적당한 짝이 되는 데 있다.

♥텐드우드♥

♥ 남편 정동섭 교수와 함께 포즈를 취한 저자

머리말

"네가 아무리 옳은 말을 해도 내가 여자 말을 듣고 바뀔 줄 알아?"
 내 남편은 과거에 나에게 이렇게 큰소리치고 성질부리며 군림했다. 그런데 지금은 완전히 딴판으로 변화되었다.
 "우리는 이제 현대판 브리스길라와 아굴라가 된 것 같아!"라고 말하곤 한다.

 이번에 펴낸 책 제목이 좀 부담이 되는 것도 사실이다. 하지만, 강산이 두 번 더 바뀐 세월을 살아온 세월 속에서 부끄럽고 어리숙하게 시작한 우리의 결혼생활을 뒤돌아보면서 총정리를 해보고 싶었다.
 아울러 우리의 이야기가 다른 가족들에게 위로와 격려가 되고, 결혼 예비교육에도 경계와 도전이 되기를 바라는 마음이 간절하다.
 3년 전 가정의 달에 나는 우리 내외가 출석하고 있는 대전 대흥침례교회의 안종만 담임목사님으로부터 강의요청을 받았었다. 그 때

● 머리말

  나는 8명의 강사 중 유일한 여자 강사로서 "가정생활과 정신건강"이란 주제로 강의를 하게 되었다.
  정동섭 교수의 아내로서 나는 오랜 세월에 걸쳐 성격장애자였던 남편을 오늘날 대학의 상담심리학 교수요, 가정사역자로 변화된 인생을 살도록 도왔지만, 개인적으로는 "신성회" 상담정보실을 운영하면서 많은 사람을 상담하며 독서모임을 인도하고 있었기 때문에 초청을 받게 된 것이다. 그 후로 여러 교회와 기관들로부터 초청을 받아 자녀교육은 물론 가정생활과 정신건강에 대한 강연을 종종 하게 되었다.

  내 남편은 겉모습도 멀쩡하고 세상 실력도 잘 갖추고 있는 사람이었다. 그럼에도 불구하고 알 수 없는 괴팍한 성격, 지겨울 정도의 잔소리, 갑자기 신경질부리고 화내면서 쏟아붓는 폭언들, 여러 가지로

머리말

나타나는 중독 현상들 때문에 내 결혼생활은 무척이나 힘들었었다.
"하루종일 공주처럼 집에 있으면서 무엇을 한 게 있어?"
두 아들을 키우느라 부대끼면서 집에서 고생하는 나에게 함부로 말하던 남편이었다.
그런데 지금은 너무 멋진 남편으로 변했다. 이것을 한마디로 말하긴 어렵다. 그렇지만, 이것은 우리 하나님과 본인의 노력과 나의 도움이 만들어낸 작품이다. 솔직히 미성숙한 인격을 변화시키는 것만큼 어려운 작업은 없다. 그러나 우리는 당당히 해냈다.
충동적으로 미국 유학을 가자고 남편이 나에게 제의했을 때 나는 반대했다.
"이렇게 부정적인 여자랑 앞으로 살아갈 것을 생각하니 한심하고 걱정이다!"
내 남편은 이렇게 말하고 행동했다.

● 머리말

  그러나 교회에 가서는 전혀 딴판이었다.
  교회 가서 예배 드리고 은혜를 받고 나면 남편이 말한다.
  "가장 가까운 이웃인 아내를 사랑해 주지는 못할 망정 내가 괴롭히기만 했다니까!"
  남편은 하나님 앞에선 눈물 흘리며 회개하고 난 뒤, 교회 밖으로 나와서는 나한테 정색을 하며 말한다.
  "네가 인간이야? 어떻게 그렇게 좋은 설교를 듣고 눈물 한 방울 안 흘릴 수가 있어?"
  나를 쉽게 판단하고 야단을 치던 무례하기 그지없는 남편이었다.
  그런데 이제는 나를 인격적으로 대하고, 내 입장을 배려하고, 나를 귀하게 여기는 남편이 된 것이다.

  집안 망신시키는 이야기를 이렇게까지 감히 하는 것은 아직도 남

머리말

모르게 갈등하고 있을 많은 숨겨져 있는 가족들에게 한 줄기 빛을 비추어 주고 싶은 간절한 소망이 있기 때문이다.

현대를 살아가는 가정들은 불안정하다. 그래서 많은 부부들이 흔들리고 있고, 자녀들도 흔들리고 있다. 이혼, 가출, 구타의 소리가 사방에서 들려오고 있다.

우리는 불안과 불확실성의 시대를 살면서 너무나 부정적인 이야기를 많이 접하고 있다. 한 여자를 온전히 사랑하기도 힘든데, 이 여자 저 여자를 사랑할 것처럼 전전하는 남편들, 할 일이 없어서 도박과 다른 일에 중독되어 가는 아내들, 술로 마음을 달래면서 건강을 해치는 분들, 눈만 뜨면 성적으로 유혹하는 광고의 홍수 속에 살아가는 청소년들, 고학력자들의 실업상태, 분풀이로 연약한 아내와 자식을 구타하는 이들, 자신의 성격장애를 남의 탓으로만 돌리는 이들, 자기 정체성을 잃어버리고 방황하는 이들, 권위주의로 남을 배려하지 않고 사

● 머리말

는 사람들 속에서 우리는 살아나야 한다.

 그러나 문제가 있으면 길은 반드시 있기 마련이다. 무언가 답답하고 앞길이 막혔다고 생각할 수 있지만, 눈의 각도를 조금만 바꾸면 길은 보이게 마련이다. 그 동안 세상을 바라보던 나의 안경이 선글라스였다면, 언젠가는 투명한 무색안경을 바꿔 끼고 나의 남편과 자녀를 제대로 볼 수 있어야 하겠다.

 지난 날 나 역시 우울한 나날을 보냈던 낙심충만한 사람이었다. 힘들고 어려운 삶의 고비 때마다 좋은 영적 지도자와 책들을 만남으로써 치유 받고 성숙할 수 있었다. 오랜 세월 동안 쓰라린 고통이 있었지만 남편을 고치고 변화시킨 분은 하나님이셨다. 집을 세우는 일에 동참한 우리 가족들 한 사람 한 사람의 수고와 인내가 너무나 고맙다.

 또한 책을 읽고 상담심리학을 공부하면서까지 자신을 새롭게 만들어 보려고 애썼던 본인의 노력 때문에 먼저 자기 진단이 되었고 인간 이해의 시야를 넓힐 수 있었다. 하나님의 사랑을 받으면서 자기 자신을 수용하게 되었고, 치유가 일어나면서 나에게는 더없이 멋진 남편이 되어 주었다. 이제는 존 포웰이 말하는 "5차원의 대화"를 할 수 있는 부부가 되었다.

인생 여정에서 가장 소중한 관계는 어떤 것인가?

"네 헛된 평생의 모든 날 곧 하나님이 해 아래에서 네게 주신 모든 헛된 날에 사랑하는 아내와 함께 즐겁게 살지어다 이는 네가 일평생에 해 아래서 수고하고 얻은 분복(보상)이니라"(전도서 9:9).

고통 가운데서 기쁨과 행복을 찾은 우리의 이야기가 책으로 나오

● 머리말

게 되었다. 아직도 아픔과 한을 안고 살아가는 이 땅의 많은 가족들에게 작은 희망의 불씨가 되어 주었으면 좋겠다.

우리 부부의 가정 이야기를 귀하게 생각하시어 책으로 펴낼 기회를 주신 베다니출판사의 오생현 사장님과 편집부 여러분께 감사드리며, 우리의 결혼생활을 고통과 갈등에서 백합화처럼 피어나도록 축복해 주신 하나님 아버지께 이 책을 바친다.

2002년 5월에

이영애

세상에서 가장 아름다운 것

우금자 / 중리 중앙교회 담임목사 · 「상처 입은 피아노」의 저자

나는 세상에서 가장 아름다운 것을 보았네
풀잎 위에 맺혀있는 새벽 이슬처럼
맑고 깨끗한 그것을

나는 세상에서 가장 희귀한 것을 보았네
온갖 좋은 단어를 가지고도 묘사하기 어려운
온 세상을 둘러보아도 만날 수 없는 그것을

나는 세상에서 가장 진실한 것을 보았네
넉넉한 그리고 편안하기만한 그 느낌 속에
아픔을 녹이는 신비한 매력을 가지고 다가오는 순결한 눈물방울을

나는 세상에서 가장 겸손한 것을 보았네
모든 것을 다 가지고도 낮아져 낮은 나를 높게 보이게 하는
화려한 빛깔이 없으면서도 한없이 아름답기만한 그것을

나는 세상에서 가장 순수한 것을 보았네
세상의 불의와 타협하지 않으려는 꾸밈없고 정의로운
나의 이 외람된 시가 옥의 티가 될까 오히려 두렵기만한 그것을

나는 세상에서 가장 위대한 것을 보았네
하늘처럼이나 넓고 바다처럼이나 깊은 사랑을 머금고
둘이 하나 되어 주는 것을 기쁨으로 여기며 행복에 빠져 있는 한 쌍의 부부를

✽ 이 시는 시인이 우리집을 방문한 후에 쓴 시 선물.

추천사

안 종만 / 대전대흥침례교회 담임목사

1

    아름답고 건강한 가정을 만드는 것은 하루 아침에 이루어지지 않는다. 성장과정 가운데 문제나 아픔이 많은 사람들은 더 더욱 그 과정이 길고 험난하다.

    본 교회 집사로 봉사하고 있는 이영애 사모가 쓴 이 책은 바로 문제 있는 가정이 어떻게 회복되어 성숙한 가정으로 변화되었는가를 그린 책이다. 이영애 사모님이 「책읽기를 통한 치유」(홍성사)라는 책에 이어, 또 다시 가정을 세우는데 좋은 책을 출간하게 된 것을 하나님 앞에 감사드린다.

    가정사역자로, 신학대학의 상담심리학 교수로 잘 알려진 정동섭 교수와의 결혼생활은 간증을 통해 여러 번 접한 바 있다. 그 세세한 이야기가 책으로 만들어져 고통 가운데 행복을 찾기에 몸부림치며 노력한 한 가정의 경험이 동일한 아픔을 안고 살아가는 많은 이들에게 분명 위로와 소망, 따뜻한 길잡이가 될 줄로 확신한다.

● 추천사

저자도 밝혔듯이, 문제가 있거나 깨진 가정을 회복시키는 데는 하나님의 인도와 본인들의 부단한 노력과 수고, 그리고 주변 사람들의 따뜻한 보살핌이 필요하다. 이 책이 바로 그런 고통 가운데 있는 가정에게는 위로와 격려가 되고, 결혼 예비부부들에게는 도전과 좋은 결혼 지침서가 될 줄 믿는다.

어려운 가정을 세우는 데 헌신하신 정동섭 교수님과 이영애 사모님이 브리스길라와 아굴라처럼 주님이 귀하게 쓰시는 도구로 드려짐을 다시 한 번 감사드린다.

추천사

변 영인 / 고신대학교 교수

2

　오늘날 우리들의 가정은 총체적 위기를 맞고 있다.
　그 어느 가정도 아름답게 포장된 포장지를 찢고 나면 포장되었던 인격의 실체가 드러난다. 아울러 아무런 의심과 여과 없이 받아들였던 부모시대로부터의 답습된 가족의 역할은 현대사회의 변화와 더불어 엄청난 위기를 몰고 온 것이 현실이다.
　이영애 선생님이 이 책에서 너무나 당연한 일상으로 살아 왔던 그 뒷면의 소리 없는 아픔과 고통을 숨김없이 과감하게 드러내 주신 것에 감사를 드린다. 자신의 아픔을 통해서 다른 많은 가정과 그 가족들의 실체를 보고 치료할 수 있도록 배려한 이영애 선생님의 의미 있는 사역과 우리 스스로를 돌아볼 수 있는 기회를 마련해 주신 것에 감사와 경의를 드린다.

추천사

정동섭/가족관계연구소 소장 · 한국가정사역학회 초대회장 · Ph.D.

최근 우리나라의 이혼률이 40%수준에까지 급증하고 있다는 것은 이미 널리 알려진 사실이다. 행복하게 살지 못할 바에야 차라리 혼자 사는 쪽을 택하겠다는 것이다. 이 책의 저자 이영애 집사와 내가 결혼한 것은 올해로 28년째가 된다. 내가 90년대에 결혼했다면 틀림없이 이혼을 당했을 것이다.

최근 한국가정법률상담소의 곽배희 소장은 「한국사회의 이혼실태 및 원인에 관한 연구」에서, "여성은 남성중심적인 가부장제의 구조적인 모순을 이혼의 주요 원인으로 보는 반면, 남성들은 여성의 가족에 대한 인식변화를 이혼 급증의 원인으로 지적해 이혼을 개인적인 문제로 한정시키는 경향이 있다"고 분석하였다. "빠르게 변화하는 여성과 변화를 거부하는 남성의 문화지체 현상이야말로 결혼이 무너지는 주요 원인"이라는 것이다.

권위와 순종, 지배와 종속의 질서 속에 유지되던 전통적 가부장적

추천사

결혼문화가 사랑과 신뢰, 상호이해와 존중에 근거한 평등한 부부관계, 즉 우애적인 결혼으로 변해가고 있다. 대가족이 핵가족으로 변하더니 이제는 이혼과 재혼으로 이어지는 해체가족시대를 맞고 있다. 근대후기 정보산업사회의 거시적인 특징이 복합화(complexification)라면, 미시적인 특징은 역할 재구성(role redefinition)이라고 하였다. 수직적 관계가 수평적인 관계로 대치되고 있다. 일방적 권위가 상호적인 권위로 바뀌고 있다.

이와 같이 후기산업사회로 이전하는 과정에서 요청되는 것이 결혼과 가족 사이의 역할의 재구성이다. 역할 재구성의 과제를 이루지 못할 때 각종 역기능이 발생하는 것이다. 이혼률 급증, 편모 또는 편부 가정의 급증, 청소년의 탈선, 노인들의 방황 등은 바로 새롭게 요청되는 역할 재구성의 실패로 인해 나타나는 증상들이다.

이 때에 가장 손쉽게 할 수 있는 선택이 지금까지의 방식을 그대로

● 추천사

유지하자고 고집하는 것이다. 기혼여성의 취업률은 빠르게 증가하고 있다. 남자들은 가부장적인 전통을 유지하려 하는데, 여성은 맞벌이를 하면서 자녀양육과 가사노동을 혼자 담당하게 되면 아내는 스트레스와 탈진에 시달리게 된다. 남편이 새로운 역할에 적응하지 않으면 부부갈등은 불가피하고 이혼률은 높아질 수밖에 없다.

역할실패의 또 다른 예는 역할 재구성 대신에 배우자를 바꾸는 것이다. 배우자를 버리고 새로 재혼하는 것이다. 이 두 가지 반응을 사회학자들은 역할실패(role failure)라고 규정한다. 우리 가정내에서 벌어지고 역할실패가 세 쌍에 한 쌍이 이혼한다는 높은 이혼률로 나타나고 있다.

배우자를 바꿈으로 새로 시작하는 것보다 훨씬 더 좋은 방법이 있다. 그것은 새로운 지식과 기술을 가미하여 기존의 관계를 재구성하는 것이다. 기존의 관계에 창조적으로 새로운 활동을 추가하는 것이

추천사

다. 상대방에 대한 태도를 바꾸고, 귀를 기울여 경청하고, 상대방의 신체적, 정서적 필요를 채워주는 것, 여가생활을 위해 질적인 시간을 함께 해주는 것, 자녀양육에 함께 관심을 기울이는 것 등이다.

나는 하나님의 은혜 가운데 무식을 따라 아내와 동거하던 남편에서 지식을 따라(벧전 3:7) 아내를 사랑하고 귀하게 여기는 남편으로 성장하였다. 우리는 현재 이혼을 걱정할 필요가 없는 우애적인 부부관계를 만끽하고 있다. 아내는 무너져가는 결혼을 더 이상 좌시할 수 없어 우리의 부끄러운 과거를 이 책에서 과감히 공개하였다. 이것은 이 책을 읽는 독자에 대한 우리의 사랑의 표현이기도 하다. 이 책이 당신의 지금의 결혼 상태와 부부관계를 비추어 보는 거울 역할을 하기를 간절히 바란다. 이 책이 지침이 되어 당신의 결혼이 지금보다 훨씬 더 행복하고 사랑이 넘치는 관계로 발전하기를 빌어마지 않는다.

추천사

박 은영 / 신성회 간사 · 「홀로 피어나는 들국화」 저자

4

"우리가 지금 정신을 쏘옥 빼앗을 만한 현란하고 복잡다양한 미디어 시대에 살잖아요? 그렇지만 아직도 우리의 정신세계를 변함없이 주도하고 영향을 미치는 것은 책을 읽는 데서 비롯되는 거라고 전 생각해요."

제게 추천사를 부탁하시면서 이렇게 말씀하시는 이영애 사모님의 손에는 두툼한 원고뭉치가 들려져 있었다.

책을 통해서 삶이 전환된 내가 얼마 전 부끄러운 내 자신의 삶을 책으로 펴내게 된 것도 전적인 하나님의 계획이라고 말할 수 있다. 그렇지만 저자부부로부터 삶의 의미를 새롭게 동기부여 받은 내담자 입장으로서, 그리고 가정이 깨지는 아픔을 겪은 자로서, 그리고 한 명의 독자로서 이 책을 강력 추천하는 마음 너무나 간절하다.

저자가 30여년 가까운 가정생활과 10년간의 "신성회" 사역을 돌아보며 성공 사례뿐 아니라 그 성공이 있기까지의 아픔과 부끄러움들을 낱낱이 투명하게 드러내고 있는 그 모습이 독자에게 감동을 주리라 확신하기 때문이다.

"전국의 유명하다는 부흥강사나 가정사역을 하는 사역자의 아내들은 과연 어떻게 이 외로움을 대처하고 살아갈까?"

저자의 이런 솔직한 고민 속에서 한창 뜨는(?) 여성강사로서의 우월감이나, 유명한 교수부인으로서의 깐깐함과 근엄한 권위주의를 찾아보기는 어렵다. 오히려 우리는 한 남편의 아내요 여인(여성)으로서 가진 순수하고 자연스러운 마음을 엿볼 수 있다. 성격장애와 일중독의 남편, 귀가한 후에도 애첩(번역과 저술활동으로 컴퓨터와 책을 끼고 살기 때문에)들에게 시간과 에너지를 쏟는 남편 정동섭 교수님과의 관계문제와 진단과 회복, 그리고 그분들의 삶의 과정을 읽으면서 다시 한 번 삶에 큰 힘과 지혜를 얻을 수 있었다.

부부관계뿐 아니라, 신성회의 여러 일들과 자녀교육, 물질관리에

● 추천사

있어서 일어나는 모든 사건과 상황들을 그냥 흘려버리거나, 마음에 상처의 찌꺼기로 담아두지 않아야 하는 것도 배우고 있다. 모든 일에 "하나님은 이 일을 통해 무엇을 보기를 원하실까?", "내게 적용되어져야 할 부분은 또 무엇인가?" 이렇게 늘 하나님을 앞세우시고 물어가며 결국에는 기다림과 인내 속에서 유익을 이끌어 낼 줄 아는 모습 또한 담겨져 있다. 하나님께서 허락하신 귀한 보물들을 손에 쥐고 당신만 기뻐하시는 것이 아니라 기어이 저를 비롯한 남들에게도 나누길 원하시고, 적극적으로 동기부여를 하시며 하나님께로부터 오는 확실성을 확장하시며 종내에는 그분의 이름을 드높이신다.

이 책에서 우리는 한국인의 의식 가운데 깊이 깔려 있는 유교적 영향과 복잡한 역기능 가정의 냄새를 맡을 수 있다. 생활의 모든 영역에 깔려 있는 주종관계나 수직적인 시각에서 상호동반의 수평적인 관계로 나아가는 가능성을 보여 준다. 지루하지 않도록 자녀의 유머러스

추천사 ●

한 편지와 부부간의 편지, 시어머님께 띄운 편지가 지나친 교훈 위주의 틀에서 벗어나 활력과 웃음과 감동을 안겨준다.

저자이신 이영애 사모님과 정동섭 교수님을 통하여 저는 회색빛 우울한 인생에서 해방되었을 뿐만 아니라, 지금은 사이버 상담까지 하면서 수많은 가정의 아픔을 보듬으며 결혼 예비교육에 앞장서고 있다.

저자의 말처럼, 한 시간도 안 되는 결혼식 준비에 돈과 정성을 쏟아 부을 계획으로 머리 아픈 결혼 예비자들에게, 또 이미 깨어진 결혼생활로 인해 마음까지 상처 입은 나의 이웃들에게, 한많은 한 평생을 살아온 나의 부모님 세대에게, 모든 여성과 남성에게 이 책을 강력 추천하는 바이다.

✽ 이 글을 쓴 박은영 간사는 상담홈페이지(www.esangdam.net)를 운영하고 있다.

추천사 ♥33

감사의 글

먼저 오늘이 있기까지 우리 부부에게 도움을 주신 모든 분들께 감사드립니다. 우리 부부를 키워 주신 양가 부모님과 형제자매 친지 여러분께 감사를 드립니다.

저에게 신앙의 기초를 새롭게 놓아주신 이정운 목사님과 함께 삶을 나눈 친구 유한선과 김애진에게 감사드립니다. 특별히 우리 내외가 영육간에 병들어 있을 때 주옥 같은 설교로 영적 의사 역할을 해주셨던 옥한흠 목사님과 저에게 소망의 문을 열어 주신 이동원 목사님께 감사드립니다. 남편이 회심한 후에 강의통역으로 한국교회를 섬길 수 있는 기회를 열어 주신 하용조 목사님께 감사를 드립니다. 남편이 이단에서 물려받은 잘못된 신학으로 인해 고통하고 있을 때 마틴 로이드 존스 목사님의 설교집을 소개해 주심으로 올바른 신학의 틀을 잡을 수 있도록 배려해 주셨던 홍정길 목사님에게 감사드립니다. 대전에서 남편이 만학의 길에 들어섰을 때 인격이 담긴 설교로 격려

● 감사의 글

해 주신 유병문 목사님께 감사드립니다.

　상담심리학을 공부하기 위해 유학을 떠날 수 있도록 배려해 주신 침신대 허긴 총장님과 장학금으로 후원해 주신 쉘톤(Shelton) 교수님과 부쉬만(Bushman) 교수님께 감사를 드립니다. 가정사역과 상담학의 기반을 닦아 주신 트리니티복음주의신학교(Trinity International University)의 게리 콜린스(Gary Collins), 찰스 셀(Charles Sell), 그리고 테드 워드(Ted Ward) 교수님께도 감사를 드립니다.

　유학생활중에 교회에서 봉사할 수 있는 기회를 주신 휄로우십 교회의 김흥수 목사님과 안디옥 침례교회의 문종성 목사님께 감사드립니다. 유학중에 남편이 책을 충분히 사서 공부할 수 있도록 헌금해 주신 캐나다 토론토의 대학교 선배 정번헌 장로님과 뉴질랜드의 친구 오진관 장로님께 감사드립니다. 4년간의 미국생활을 잘 감당할 수 있

감사의 글

도록 여러 가지로 도움을 주신 휄로우쉽 교회 교우 여러분들과 멋진 작품사진을 찍어 주셨던 김형주 장로님께 감사를 드립니다.

이단 구원파와의 재판과정 중에 큰 힘이 되어 주신 사랑의 교회(옥한흠 목사님), 남서울교회(홍정길 목사님), 세계선교훈련원(이태웅 목사님), 늘사랑교회(성도현 목사님), 그리고 아름다운교회(조성일 목사님)께 감사드립니다. 정성어린 헌금으로 엄청난 재판비용을 함께 감당해 주신 목산침례교회(김현철 목사님), 강남제일교회(김충기 목사님)께 감사드립니다. 그리고 서울 온누리교회(하용조 목사님)를 비롯한 큰빛교회와 영동교회, 충현교회, 진주침례교회, 성광침례교회, 남서울침례교회, 서울 아름다운 교회, 탄포리교회, 영암교회, 워싱턴침례교회(이동원 목사님), 밀워키교회, 복음교회, 남가주 사랑의 교회, 콩코드침례교회(길영환 목사님), 죠이선교회와 나침반사, 목회

● 감사의 글

대학원 학생들과 신대원 학생들, 기독교교육학과 및 기독교상담학과 학생들, 총학생회원들과 교수님들께 감사드립니다. 또한 개인적으로는 송신기 목사님, 이인출 장로님, 이명희 교수님, 이홍범 목사님, 김진국 장로님, 조득정 장로님, 신정식 목사님, 조숙현, 김성숙, 이인숙, 이한숙, 이정희, 이용수, 김동문, 김만기, 정경희, 황규찬, 강도준, 남승숙, 오진관, 권영국, 안희복, 이대식, 이철수, 윤승수, 유영식 등 무명으로 헌금해 주신 모든 성도님들의 후원과 기도에 감사드립니다.

서울에서 이단대책위원회를 구성하여 모금운동에 앞장섰던 황광섭 집사와 배순호 장로님께 감사드립니다.

남편이 대전교도소에 투옥되었을 때 면회를 해주신 이정희 교수님과 이석철 교수님, 그리고 엄기용 목사님께 감사를 드립니다. 전국에서 위로의 전화를 해 주셨던 많은 고마우신 분들께 감사를 드립니다. 여리고 성을 돌듯이 법원 검찰청 담길을 에워싸고 통성기도로 교도

감사의 글

소문이 열리게 했던 침례신학대학교 2천여 명의 학생들 모두에게 감사드립니다. 유능한 변호사로서 진실을 멋있게 대변해 준 주광기 변호사님과 법률자문을 마다하지 않고 개인 변호사 역할을 해 주었던 박세환 씨에게 감사드립니다. 이단 척결에 힘을 합쳐 싸웠던 고 탁명환 소장님과 최삼경 목사님, 진용식 목사님, 당시 대전극동방송 본부장 이옥연 장로님께도 감사드립니다. 남편이 구속되어 있는 동안 집을 지켜준 박일용 선교사님과 도인호 목사님께 감사드립니다. 9년 동안 계속되는 이단과의 싸움에 늘 중보기도로 도운 여성 어글로우 회원 여러분과 물심양면으로 후원을 아끼지 않았던 대전 죠이 가족모임의 가족들과 문정일 교수님, 이현모 교수님, 이상웅 목사님, 임봉수 교수님에게도 감사드립니다.

우리가 대전에 온 후로 우리 부부에게 믿음 안의 친구가 되어 주었

● 감사의 글

던 노정구 박사부부와 남상류 교수부부에게 감사드립니다. 신성회 모임장소를 제공하셨던 원동연 박사님과 정기숙 사모님께도 감사드립니다.

저의 부족함에도 불구하고 저를 강단에 세워 주신 안종만 목사님과 여러 교회의 목사님께 감사드립니다. 예수전도단의 사역에 동참할 기회를 주신 백광민 간사님과 천정우 형제님과 정성준 형제님께 감사를 드립니다. 더불어 호주의 박윤호 선교사님과 뉴질랜드의 김주철 선교사 내외분께도 감사를 드립니다. 지식의 말씀으로 하나님의 위로와 격려를 대변해 주신 제프 리틀톤(Jeff Littleton)과 진 다넬(Jean Darnell) 목사님께도 감사하며, 도나 조단(Donna Jordan)을 비롯한 예수전도단의 여러 강사님들께도 감사를 드립니다.

가정을 세우는 일에 동역의 기회를 주신 기독교가정사연구소의 송길원 목사님과 김대동 목사님께 감사드립니다. 방송매체를 통해 저의 삶을 나눌 수 있는 기회를 주신 극동방송국과 기독교방송국에 감사를 드립니다. 「가정과 상담」 월간잡지와 테이프 사역을 통해 우리 내외가 한국의 가정과 상담학계를 섬길 수 있게 해 주신 한국가정연구소의 추부길 소장님께도 감사를 드립니다. 문서선교에 참여할 수 있도록 도서출판의 기회를 주신 IVP, 하나, 요단, cup, 홍성사와 베다니출판사에 감사를 드립니다. 마지막 교정을 새벽까지 보아 준 박은영 전도사님께 감사를 드립니다. 우리 내외를 위한 시를 써주신 우금자 목사님과 재판 승리를 기리기 위해 찬송 작곡을 해주신 최용덕 간사님께도 감사를 드립니다.

신성회 자문위원으로 강의를 해주시고 후원해 주신 김진 선생님과 안덕자 교수님과 유진호 선생님께 감사를 드립니다. 특별히 10년이 넘도록 신성회 사역을 위해 성실하고 겸손하게 동역해준 성은실 권

● 감사의 글

사님, 이소라 집사, 노현미 사모, 윤금희 집사, 최경순 전도사, 최정옥 집사, 백향숙 집사, 이귀영 자매님, 정미경, 김용희 성도님께 감사드립니다. 현재 신성회 상담사역에 동역하고 계신 푸른초장 상담실의 정인숙 집사, 장석경 집사, 새마음 상담실의 최현주 목사님과 이선애 사모님께 감사를 드립니다.

꾸준히 책읽기 운동에 동참해 주신 전국에 흩어져 있는 신성회 회원 여러분께도 진심으로 감사를 드립니다. 독서모임의 활성화를 위해 수고하시는 부산 호산나교회의 유승희 사모님, 수영로교회의 박신실 사모님, '기쁨의 집'의 김현호 집사님, 서울 온누리교회의 박연식 간사님, 그리고 수원 중앙침례교회의 이광구 전도사님께 감사를 드립니다.

그리고 마음을 열고 상담에 응해 주신 내담자 여러분과 성인아이 지원그룹 회원들께도 감사를 드립니다. 「햇살한줌」과 「버팀목」을 발족시키신 윤성원 성도님께도 감사를 드립니다.

 또한 늘 성령충만한 생활을 위해 힘을 불어 넣어 주시고 계신 대홍침례교회 안종만 담임목사님과 성도 여러분 그리고 구역교사 정은희 집사님과 구역장 주복란 집사님과 구역 식구들께도 감사드립니다. 가끔 드라이브로 삶의 휴식을 누리게 해 주는 민진희 집사, 김용숙 집사께 감사를 드립니다.

 끝으로 저에게 정서적으로 사랑과 격려를 아끼지 않고 기를 불어 넣어주는 사랑하는 남편과 친정어머님과 언니들과 동생들, 두 아들 지훈이와 명훈이, 그리고 조카들에게 진심으로 감사를 전하고 싶습니다. 또한 나를 지켜보시고 대견스레 생각하실 아버지 하나님께 깊은 감사와 영광을 올려 드립니다.

1부
갈등의 세월

1
만남에서 연애시절 이야기

인생은 만남의 연속이며 모험

결혼하기 전에 우리 부부는 구원파 교회에서 만났다. 남편은 군대생활을 대구에 있는 카투사에서 하였고, 나는 그 때 간호대학생이었다. 나는 본래 장로교인이었다. 그런데 어떤 장로교 목사님이 그 교회를 추천해 주었다.

"대구로 이사 가면 구원파 교회를 가세요."

그 장로교 목사님은 구원파의 영향으로 "구원"(?)을 받았기 때문에 그곳을 추천하신 것이었다.

나는 성격이 외골수가 아니어서 구원파 교회를 다니면서도 C.C.C 대학생 선교회를 열심히 다니고, 대학에선 기독학생회장까지 맡아 인도했다. 그래서 구원파만이 유일한 교회라는 생각에 깊이 물들지 않을 수 있었다.

그렇지만 남편은 달랐다. 군인이었음에도 신실한 구원파 교인으로 주말마다 교주의 집에 가서 살다시피 했다. 구원파 교회는 남편에게 대체가정의 역할을 해 주었다. 모든 교인들이 남편을 '정형제'라고 불러 주었고, 나 역시 이자매로 통했다. 구원파의 모든 교인들은 서로의 호칭을 형제자매로 불렀다.

영어회화 좀 가르쳐 주세요

간호대학 3학년 여름이었다.

"이번 여름방학에는 영어회화를 배우면 어떻겠냐?"

아버님이 불쑥 말씀을 꺼내셨다.

"누나! 우리 교회에 정동섭형제는 한미연락장교실에서 통역하는 군인인데 곧 제대할 거야. 한 번 부탁해 봐."

옆에 있던 남동생이 아버지의 말씀을 듣고 제안을 했다.

정동섭이란 카투사병이 가끔 미군을 교회에 데려와서 조용히 설교 통역하는 것을 보긴 했다. 그렇지만 그 군인에게 내가 영어를 배워야겠다는 생각은 해보질 않았다. 그저 방학이 시작될 때쯤 해서 친구들과 함께 영어회화나 배워볼까 하고 마음 먹고 있었다.

그런데 마침 교회에서 그 정형제라는 군인과 마주치게 되었다. 나는 나도 모르게 불쑥 물어보았다.

"저~기, 저랑 친구 몇 명 … 영어회화 좀 가르쳐 주실 수 있으세요?"

짐짓 예의 있게 말에 신경을 쓰며 내가 말했다.

"아! 예. 곧 제대할 꺼라 한 달간은 가르쳐 드릴 수 있어요."

이렇게 해서 한 여자와 한 남자의 만남이 시작되었다. 그것은 앞날의 고통과 갈등을 알지 못한 모험이 시작되는 순간이었다.

결혼 제의

우리의 만남은 이렇게 영어회화를 가르치고 배우는 과정에서 만나게 되었다. 만남이 계속 되면서 한 남자의 마음에 한 여자와 결혼하고 싶은 생각이 싹텄다.

남자는 일방적이었다. 남자는 너무나 그 여자를 좋아했기 때문에 결혼하고 싶은 마음을 전하기에 이르렀다.

"이자매님, 결혼을 하고 싶은데 결혼해 주시겠어요?"

영어를 배우는 여섯 명의 간호대생 중에 내가 그렇게 찍힌 것이다.

영어회화를 배운 지 한 달이 흘렀다. 회화 모임을 주선한 사람의 입장에서 수강비를 전달하는 날이었다. 돈을 받고 난 뒤에 정형제가 불쑥 말했다.

"시내 다방에 가서 이야기라도 합시다."

그리고 그가 무조건 택시를 잡았다. 나는 속으로 '차 한 잔 사주려나보다'라고 생각했다.

그런데 택시를 잡더니 자기 혼자 문을 열고 먼저 차에 타버리는 것이었다. 나는 그 때 남자와는 처음 차를 타면서 마음속으로 생각을 했다.

'어머, 이 사람은 연애도 안 해봤나 봐! 여자에게 먼저 차 문을 열어주고 타는 것도 모르나 봐.'

나는 살며시 미소를 지었다.

시내의 다방에 가서 차를 시키는데 또 재미있는 일이 벌어졌다. 정형제는 다짜고짜 메뉴판도 보질 않고 주문을 했다.

"주스 두 잔 주세요."

게다가 어찌나 서두르는지 주스잔의 빨대가 놓여 있는데도 빨대는 놔두고 그냥 마시다가 줄줄 흘리는 것이 아닌가. 나는 그러한 모습이 재미있게 생각이 되었다.

'다방엘 자주 안 다닌 사람이구나.'

'왜 이다지 서두를까?'

어떤 인연이 되려고 해서 그런지 나는 그것도 좋게 해석이 되었던 것이다. 몇 마디 이야기를 나누다 보니 제법 심각한 이야기까지 나오기 시작했다.

"저는 영어를 가르칠 때는 별로 몰랐는데, 서울에 취직이 되어 떠나 있다 보니까 이자매가 자꾸 생각이 나면서 결혼하고 싶은 생각이 드는 거예요."

곧 이어서 하는 말은 이런 것이었다.

"목사님께 상담해 보니 그것은 사랑이 시작된 것이랍니다. 지금 당장 결혼하자는 것은 아닙니다. 한 번 물어보고 싶어요. 이자매는 저를 결혼 상대자로 생각해보지 않으셨는지요?"

나는 너무나 황당했다. 단 한 번도 사사로운 개인 신상에 관한 대화도 안 해본 상태였고, 졸업 후에 독일이나 미국에 간호사로 나갈 생각에 친구들을 선동하고 있던 상황이었다.

"전혀 결혼할 생각을 해보질 않았어요. 저는 결혼을 염두에 두지 않았어요."

정형제는 자기 혼자 짝사랑한 기분이 들어서였는지 인상을 썼다.

"그럼, 앞으로 며칠 시간을 줄테니까 생각해 보고 답을 해 주세요."

"저는 연애를 하다가 프로포즈할 시간이 없어요. 먼저 결혼을 하기로 약속해 놓고 사귀고 싶습니다. 만약에 사귀다가 헤어지게 되면 시간 낭비도 많고, 또 저는 사귀면서 서로 허물을 감싸주면서 살아야지 사귀다가 마음에 안 든다고 헤어지는 것은 싫습니다."

나 역시 사람을 사귀다가 헤어지는 것을 좋아하는 성격이 아니라서 왠지 그 말이 좋게 들렸다.

지금 생각해 보면, 이렇게도 미숙한 접근이 다 좋게 해석이 되었으니 이런 것을 두고 숙명이 아니고 무엇이라 하겠는가? 그 뒤에 일어날 사연을 알 길이 없는 숙명적 만남이 이어지고 있었다.

"좀 생각해 보고… 답변해 드릴게요."

그렇게 첫 데이트에 프로포즈를 받고 집에 왔다.

데이트와 연애편지

정형제의 프로포즈를 받고 집에 도착하자마자 나는 어머니께 이 사실을 보고했다.

▲ 친정어머님과 함께 서재에서

"엄마! 정형제님이 나보고 결혼하고 싶다는데 어떻게 답해야 되요?"

"애야, 사람은 계속 만나면서 점점 더 좋아지는 사람이 있고, 만날수록 부담이 되는 사람이 있으니까 조금 더 만나보고 대답한다구 해."

나는 엄마의 말씀을 듣고 일단은 데이트를 몇 번 더 하기로 마음먹었다.

그 때부터 하루도 안 거르고 연애편지가 오기 시작했다. 때로는 영어로 편지를 보내와서 사전을 찾아가며 설레는 마음으로 받아 읽었다. 1년 동안 매일 편지를 받아 읽었다. 달콤한 사랑의 메시지도 있지만, 거의가 그 날의 일기를 써서 보내는 형식이었다.

두 번째 데이트를 할 때 「영에 속한 사람」이란 책을 선물해 주었는데 본인이 번역한 것이었다. 은근히 영어 실력을 과시하면서 친절하고 다정다감하게 접근해 오기 시작했다.

세 번째 데이트에서는 가볍게 어깨에 손을 몇차례 얹었다. 얼마나 다정하고 따뜻하게 느껴지는지 집에 와서도 잠을 잘 수가 없었다. 자라나면서 부모님이 쓰다듬어 주시거나 안아주는 일이 없이 자라다가 따스한 그의 터치에 마음이 쉽게 동요되었다.

무감각했던 나의 감성이 서서히 살아나기 시작했다. 정형제는 자기 어머님으로부터 만져주는 사랑을 많이 받아서인지 처음부터 나의 손을 늘 만지기를 좋아했다. 앙상하게 마른 나의 손을 어느 누가 귀하다고 쓰다듬어 주었겠는가?

나는 한 남자에게서 사랑받는 것을 느끼기 시작했다.

결혼 비용 문제

그런데 그 때 정형제는 서울에 있는 극동방송국 아나운서로 취직을 했다. 그 방송국의 한국어 방송을 구원파라는 이단집단에서 교인들의 헌금으로 운영할 때였다.

그는 1974년에 월급 4만원을 받으며 밤늦게까지 근무를 했다. 같은 구원파 모임에서 운영했기에 거의 봉사 차원의 근무였지, 요즘처럼 자기 실력에 걸맞는 직장생활이 아니었다.

그렇게 1년 동안 정형제는 데이트 하러 내가 사는 대구를 한 달에 두세 번 정도 다녀갔다.

나도 졸업 후, 한양대학 병원에 취직이 되어 서울로 올라간 후에는 자주 만났다. 그런데 내가 근무하는 병원은 왕십리인데 그는 나를 서교동에 있는 그의 방송국으로 툭하면 오라는 것이었다. 한 시간 동안 버스를 타고 가면 녹음실에서 일하면서 이야기를 나누다가 밤 늦게서야 병원 기숙사까지 데려다 주는 것이 데이트의 전부였다. 별로 재미도 없었고, 늘 아쉬움 속에서 헤어지곤 했다.

정형제는 그 당시 자기 집이 따로 없이, 누나(어머님과 함께 사심) 네 집에 가끔 들르는 형편이었고, 거의 방송국 소파에서 잠을 자는 날이 많았다. 식사도 거의 라면으로 때우다 보니까 얼굴에 기미가 끼고 위궤양이 생겨서 약을 먹기에 이르렀다.

"젊은 사람은 건강이 재산인데 정형제는 건강이 안 좋아서 큰 일이다. 박봉에 방 한 칸 얻을 생각도 못하고 연애만 하면 어떻게 할거냐." 건강제일주의자인 친정아버지가 걱정하시는 것이었다. 연애 기간은 벌써 2년이 되어 가는데 나의 눈에도 그가 결혼을 준비하는 모습은 전혀 안 보였다. 시간이 갈수록 데이트 자금이 늘 떨어져 오히려 내가 돈을 쓸 때가 더 많았다.

급기야 큰언니에게 부탁을 하기에 이르렀다.

"언니! 차마 나는 말 못하겠으니 언니가 우리 집에 빚이 많기 때문에 돈 벌어서 빚도 갚고 결혼 비용도 마련할 겸 '파독 간호사'로 지원했다고 해."

그렇게 부탁을 하고 나는 해외개발공사에 교육을 받으러 다녔다.

갑작스런 결혼 날짜 결정

나의 부탁을 받고, 큰언니가 급히 서울로 올라갔다. 그리고 정형제를 만나 이야기를 꺼냈다.

"우리 영애는 집에 빚도 많고, 결혼 비용도 벌어야 되기 때문에 독일에 간호사로 가기로 했어요."

"아니, 무슨 딸이 집의 빚 때문에 결혼을 연기한단 말인가요?"

어떻게 하다 보니 눈을 뻔히 뜬 채 사랑하는 여자를 멀리 독일로 빼앗길 위기에 처한 정형제가 급히 대구로 내려왔다. 아버지를 만나기 위해서였다.

"지금 영국 대사관에서 사람을 뽑는다고 하는데 그 시험에 합격하면, 곧 결혼식을 올리고 싶습니다."

그러더니 한 달 후쯤 시험을 보고, 면접도 보았다. 87명이 응시했는데 정형제 한 사람이 합격된 것이다. 그 때는 정형제의 실력이 별것 아니라고 생각했었다. 그런데 지금 생각해 보니 나의 독일행을 틀어서 결혼의 관문을 활짝 연 엄청난 실력이었다. 진정 하나님께서 우리를 위해 베푸신 긍휼의 은혜였다.

극동 방송국은 그 당시 구원파가 한국어 방송을 담당하고 있었다.

그런데 이단 시비로 재판까지 벌어지는 상황이었기 때문에 정형제가 직장을 떠나야 할 처지가 되었다. 다행히도 영국 대사관에 취직이 되었다. 정형제는 당당하게 결혼식 날을 잡고 결혼식을 올리자고 제의했다. 나는 그를 피해서 도망가려다가 어떨결에 결혼에 휘말려 결혼식이 추진되었다.

"이자매님, 병원에 사표를 내도록 하세요."

정형제의 명령이 떨어졌다. 들어가기 힘든 대사관에 취직이 되어 한결 위세가 당당해졌다. 나는 일주일만 더 근무하면 일년 경력이 되어 여러 가지 혜택을 받게 되는데 감기를 핑계로 사표를 내도록 종용하는 것이었다. 그래서 일주일이 채 모자라는 경력 때문에 퇴직금도 못 받고 한양대학 병원의 근무를 마칠 수밖에 없었다.

친정도 경제 형편이 어려워서 갑자기 추진된 결혼식에 별 도움을 주지 못했다. 정형제도 겨우 대사관 한 달 근무한 월급을 가지고 결혼식을 올리게 된 것이다. 결혼식을 한다는 소식을 듣고 평소 친하게 지내던 아모레 화장품 외판원 자매님께서 방 한 칸 전세금을 꾸어주셨다.

정형제는 더욱 신이 나서 결혼식을 추진하였고, 나는 정말 얼떨결에 결혼식을 눈 앞에 맞게 되었다. 집도 없고, 건강이 안 좋은 상황에서 대사관에 취직된 덕분으로 결혼이 추진된 것이다. 그 때 내 나이 스물네살, 정형제는 스물여덟살로 손위 형보다 먼저 결혼식을 올리게 된 것이었다.

정리 및 도움말

"우리는 너무 결혼 예비교육이 안 된 상태에서 결혼한 것 같아요."
내가 먼저 남편에게 말했다.
"제대로 알고 했으면 나는 절교당했을 뻔했어."
남편이 내 말에 대답하며 한마디 덧붙였다.
"당신이 나를 동정해서 이웃돕기 하는 맘으로 해주었으니까 다행이었지. 나 같은 사람은 결혼할 자격도 없었어."
우리는 함께 깔깔대며 웃었다.

인생은 만남의 연속이며 모험이라고 밝혔듯이, 누구를 만나서 어떤 모험의 길을 가게 될지는 참 모를 일이다. 교과서에 나오듯이 남자가 능력 있고, 신앙 좋고, 건강하고, 성격 좋고, 학벌 좋고, 집안 배경이 좋은 사람을 만나면 오죽이나 좋겠는가? 그러나 이미 만나서 인연과 정이 생긴 뒤에는 좋은 조건을 고려하여 관계를 끊을 수도 없었던 것이 우리의 만남이었다.

이렇듯 인연이란 묘한 것이다. 야곱이 한 달을 라반과 함께 거하면서 라헬을 연애하므로 칠년을 봉사하게 되었다. 우리도 영어회화 한 달을 배운 것이 인연이 되어 연애를 시작하게 된 것이다.

"먼저 결혼을 하기로 약속해 놓고 나서 사귀고 싶습니다."

남편이 이렇게 용감하게 말하더니 막역하게 대하기 시작했다. 자기가 받는 월급은 받자마자 옷 한 벌 사 입고는 집에 다 갖다 주고 내 돈을 함께 쓰게 되었다.

"월급이 얼마지?"

"한 오만원정도예요."
그 다음에 남편이 다시 물었다.
"월급이 얼마지?"
"정확히 사만육천원인데요."
"내가 뺏아 쓸까봐 액수를 줄이고 그래?"

나는 기가 막히고 짜증이 났다. 남편이 재차 묻기에 나는 그저 정확하게 대답한 것뿐인데 남편은 나를 거짓말쟁이로 만드는 것이었다.

남편이 연애할 때 여러 말들을 했다.
"형님이 나를 데리고 살았기 때문에 내가 고등학교를 다닐 수 있었는데, 그래서 나도 남동생을 돌봐 주어야 한다."
"여동생도 함께 데리고 살아야 할 것이다."
"형님이 지금 실업자라서 생활비를 좀 보태 드려야 할 것이다."

이런 여러 말들을 연애할 때 들었지만 그 때는 그 말이 정말 피부에 와 닿지 않았다. 기꺼이 도와야 하고 그럴 마음을 먹으니까 전혀 부담이 되는 말이 아니었다. 데이트를 할 때는 장래의 시누이를 만나 용돈을 준다든지 작은 선물도 기꺼이 했다. 중학교를 나와 놀고 있던 시동생이 될 사람은 친정아버님께 부탁을 드려 사진기술을 가르치고, 야간 고등학교도 다니도록 주선해 주었다. 이런 일들을 결혼 전에 다 신경 써서 했던 일이다. 지금 생각하면 혼전에 누구나 할 수 있는 평범한 일은 아니었다.

어느덧 결혼 28년이 되었다. 이제 큰아들도 대학에 들어가서 여자친구를 사귀게 되었다. 지금까지 3년을 변함없이 꾸준히 잘 사귀고 있다. 양쪽 집안 어른들과도 점점 친해져가고 서로 상대방 가정의 분위기에 적응하고 있는 중이다.

결혼은 두 사람이 만나 하는 것이지만, 양쪽 집안 문화의 만남이 되는 것이다. 두 사람이 각각 성장하면서 받은 가족의 영향력이 서로 맞부딪치게 된다. 어른들 말처럼, "결혼은 철없을 때 만나서 하는 게 좋다"는 말이 있다. 나이 들어서 성숙해지고 똑똑해지면 눈이 높아서 기대한 만큼의 사람을 만나기 어렵다는 말이다. 그것도 일리가 있다. 그렇지만, 쉽게 결혼에 골인하는 것만이 능사가 아니다. 그 다음이 정말 문제다.

어떤 상황에서 만나서 연애하게 되고, 결혼까지 골인하게 되는지 의지적으로 마음먹은 대로 진전이 안 될 경우가 더 많다고 본다. 상담하다 보면, 사연도 가지가지로 많다.

집안 배경이 좋아서, 능력 있어 보여서, 자상한 것 같아서, 그냥 끌려서, 분위기가 좋아서, 중매로, 혼전 임신이 되어서, 너무 나를 좋다고 따라 다녀서, 아니면 내가 사랑 받고 싶어서, 자기 집안을 빨리 떠나고 싶어서 도피처로 결혼도 하는 것이 우리의 현주소이다.

고등학교나 대학을 가기 위해서도 새벽잠 못자고 몇 년을 준비하고 애를 쓰지 않는가! 그러나 우리들은 결혼은 하기만 하면 사랑이 저절로 되고 행복하게 살아질 거라고 생각하는 모양이다. 아니, 적어도 내가 그렇게 생각하고 아무런 어려움을 예상치 않고 그냥 결혼식을 올렸다. 결혼식 하는 날부터 터졌던 일, 결혼초에 겪어야 했던 황당한 일들을 어찌 연애기간에 상상이나 할 수 있었겠는가? 잠시 몇 정거장 가는 버스를 타도 목적지가 있어서 방향감각을 갖고 살아야 하는데, 결혼이라는 큰 관문을 앞에 두고 아무 목적도 없고, 무방비

상태에서 무모하게 그냥 시작하고 보는 것이다. 그리고는 하는 소리가 "나는 사람을 잘못 만났어", "이건 내 기대와는 너무 달라", "어떻게 이런 일이 있을 수 있어?" 하면서 쉽게 결혼을 포기해 버리는 경우가 있다.

♥ 먼저, 결혼의 목적을 알자

자연스레 우리는 생리적으로 자녀를 낳고 싶은 욕구가 있고, 서로 사랑과 친밀감을 누리고 싶어서 결혼하게 된다. 또 성적인 욕구와 만족을 누리기를 원하기 때문이기도 하다. 창조의 질서 중에 성적인 욕구는 인간적이며, 식욕과 더불어 강렬하고 자연스러운 것이다.

그런데 누가 배가 고프다고 해서 남의 음식점에 가서 값도 치르지 않고 훔쳐 먹을 수 있겠는가? 아니면 빵가게 쇼윈도의 창문을 깨부수고 빵을 집어 먹을 수 있겠는가?

그러나 가만히 묵상해 보면 우리들은 그런 식으로 성욕을 채우고 있지 않은지 자문해 볼 필요가 있다. 사랑스럽고, 만지고 싶고, 친밀감을 확인해 보고 싶어서 잠자리를 함께 한다. 자기 마음은 정당화 시킬 수가 있다. 그러나 그것은 두고두고 눈에 보이지 않는 심적 갈등을 초래한다. 법적으로 보호받지 못한 상태에서의 성행위는 매우 위험한 모험이 되는 것이다. 그같은 피해가 얼마나 많은가!

남자 여자 모두에게 성은 큰 자산이다. 그런데 나비가 이 꽃 저 꽃을 전전하면서 꿀을 빨아먹고 쉽게 떠나듯이 성스러워야 하고 신비의 세계에 남겨 놓아야 할 성을 쉽게 내어주고, 침략당한 입장에서 어찌 여자가 당당해질 수 있겠는가? 꿀이 다 제공되고 더 이상의 매력이 없어지리라는 것을 왜 생각을 안 하는지 ….

야곱이 라헬을 사모해서 7년 동안 라반을 위해 봉사할 수 있었던 것은 분명히 같은 집에는 살았지만, 선을 넘지 않았기 때문에 "야곱이 라헬을 위하여 칠년 동안 라반을 봉사하였으나 그를 연애하는 까닭에 칠년을 수일 같이 여겼더라"(창 29:18-21)라는 말씀처럼 기다릴 수 있었다고 본다. 야곱이 한 여자를 너무 사랑해서 한 몸이 되기까지 값을 치른 기간이 7년 하고도 칠일 걸렸고, 레아 몫까지 도합 14년이 걸린 것이다.

나는 순결을 저금통에 비유하곤 한다. 아무리 값싼 돼지 저금통이라 해도 저금한 뒤에 배를 갈라서 돈의 액수를 파악하지 않는 저금통은 귀하게 생각된다. 그러나 값비싼 저금통이라 해도 채우기 전에 깨서 액수를 파악했다던가 돈을 꺼낸 저금통은 이미 가치를 상실한 것 같이 느껴지는 것은 어쩔 수가 없다. 혹자는 열쇠달린 저금통 이야기를 할 것이다. 그 저금통이라 해도 저금통의 묘미는 파악되지 않은 돈이지 돈의 액수는 그렇게 중요하지가 않다. 이처럼 설령 결혼을 내일 한다 할지라도 선을 넘지 않을 때 신혼여행이 얼마나 오아시스처럼 신비스럽고 귀중한 추억이 되겠는가?

♥ 보다 건강한 결혼생활을 위해서 연애시절에 점검해 보아야 할 일들 몇 가지는?

우리는 연애시절에 각자의 결혼관, 가치관, 개성과 정신건강 정도에 대해서 더 잘 알아보아야 한다. 왜냐하면 결혼은 두 사람의 연합이며, 서로 다른 두 가족의 문화 충돌로 인해 예상치 못했던 많은 갈등과 어려움이 실제로 야기되기 때문이다.

황금 같은 데이트 시간을 좀 더 건설적으로 보내면서 인격적으로

서로를 성숙시킬 수 있는 방안을 모색하는 것이 필요하다. 결혼 예비학교를 함께 이수하거나 책이라도 몇 권 읽으면서 서로간에 대화를 충분히 나누는 것이 바람직하다. 결혼식을 준비하느라 정신없이 분주하기보다는 결혼생활에 대한 실제적이고 현실적인 시각을 갖는 것이 너무나 중요하다.

서로간에 진실한 애정과 존경, 신뢰감이 있어야 한다. 상대방의 결점과 약점을 그대로 수용하면서 서로에게 적응을 하려는 노력이 아주 중요하다. 충분한 교제 시간을 가지는 가운데 서로의 성장 배경을 이해하고, 결혼을 하는데 완전을 기대하지 않는 것이 좋다.

추천도서
박수웅_〔우리 사랑할까요〕. 두란노, 2004.
프레드 로워리_〔결혼은 하나님과 맺은 언약입니다〕. 미션월드라이브러리, 2004.
우금자_〔상처입은 피아노〕. 요단, 2002.

2
준비 없이 시작한 결혼초 이야기

준비 없이 시작한 결혼 예식

　단순하지만 고집스런 성격에다 배타적인 구원파 교리에 심취되어 있던 남편은 결혼 예식을 준비하는 과정도 미숙하기만 했다. 단적인 예로 결혼식 준비를 위해서 집안 어른분들께 한마디 의논이 없었다.

　"일주일 후에 젠센기념관에서 결혼식을 올릴 예정이니 식장에 오세요."라고 통보만을 한 것이었다. 심지어는 안내 데스크에서 축의금을 접수받는 사람을 집안 식구 가운데서 한 사람을 시켜야 하는데도, 남편은 구원파 교인을 더 중히 여긴 나머지 방 얻을 돈을 빌려준 자매에게 그 일을 맡겼다. 축의금을 받아 자매의 빚을 갚으려고 했던 것이다.

　결혼식 날, 난리가 벌어졌다. 큰형님이 큰소리로 새신랑을 야단쳤다.

◀ 결혼예식에서 혼인서약을 하는 신랑 정동섭, 신부 이영애.

"너, 정신이 있는 거냐? 없는 거냐?"

축의금을 집안 식구들이 접수받고 관리해야 하는데 돈을 빌린 교회 자매에게 맡겼기 때문이다. 결혼식 날 축의금 중에서 지출할 것을 의논도 않고 집안 식구들에게 통보도 않고 결혼식을 준비한 것 때문에 새신랑은 결혼식 날 형님과 집안 여러 어른들에게 야단을 맞고 기분이 나쁘고 얼굴이 험악해졌다. 나는 아무 영문도 모른 채 화가 잔뜩 나 있는 신랑과 대충 사진 몇 장 찍고 신혼 여행길에 올랐다.

정해지지도 않은 신혼 여행지

결혼식 날처럼 기쁘고 행복한 날이 어디 있겠는가! 그런데 신랑이 형님에게 야단을 맞다 보니 분위기가 살벌했다. 점심도 걸렀다. 주위 분들께 인사도 제대로 못했다. 그냥 황급히 어느 교인이 태워 주는 자가용을 탔다. 그분이 북한산 주변을 드라이브시켜 주며 몇 장의 사진을 찍고서 물었다.

"신혼 여행은 어디로 갈 겁니까?"

"글쎄요."

'아니, 아직 신혼 여행지도 계획을 세우지 않았단 말인가?'

나는 속으로 생각했다.

"온양이나 갈까요?"

내가 겨우 제안해서 우리는 그 날 온양행 시외버스를 타게 되었다. 예전에 우리 친정부모님의 신혼 여행지가 온양이었다는 말을 들은 적이 있어서 여행지라곤 그곳 밖엔 생각이 안 났다.

버스 맨 뒷좌석에 자리를 잡고 가는데, 아직까지 잔뜩 화가 나 있는 신랑 얼굴 보기가 민망했다.

'이것이 신혼 여행 가는 것인가?'

평생 처음가는 신혼 여행길이 기분 좋은 시간이 아니었다. 남편 눈치 보고 기분 풀어 주느라 절절매는 악몽의 시간이었다. 결혼 얘기로 즐거운 대화 한 마디 없이 나는 묵묵히 어두운 창밖만을 응시하며 갔다. 그것은 곧 이어질 갈등의 암흑시절로 접어드는 첫 번째 현장이었다.

도착해서도 어처구니 없는 일이 또 벌어졌다. 어떤 꼬마의 호객행위에 따라 아주 허름한 여인숙 같은 한옥집에 묵게 되었다. 방으로 들어가는 복도도 없었다. 그냥 밖에서 방 문을 열고 들어가는 민박집이었다.

어찌된 영문인지 숙소를 바꿀 생각조차 못하고 그 집에서 결혼 초야를 보내게 되었다. 명색이 신혼 첫날 밤인데 숙소의 방 분위기가 안 좋아서 두 사람 다 기분이 가라앉았다. 분위기와 기분 때문인지 결혼 첫날 밤의 황홀하고 멋진 부부관계가 잘 이루어지지 않았다. 그래서 우리는 그냥 잠을 잤다.

그 이튿날은 산정호수로 산책을 나갔다. 기분이 좀 나아졌고 사진도 많이 찍었다. 그 날은 분위기 있는 관광호텔로 바꾸어 투숙했다. 전날에 비하면 궁궐이었다.

그러나 분위기가 그렇게 좋았음에도 불구하고 부부가 한 몸 되는 예식은 좀처럼 진전이 안 되었다. 이상한 일이었다. 기본 성교육이 전혀 안된 상태였다고 보아야 할까?

우리는 그렇게 2박 3일의 신혼 여행을 다녀왔고, 한 달이 지난 후에야 시행착오를 거듭한 끝에 한 몸이 되는 법을 배웠다. 남편은 그 사실을 말하면 죽여 버리겠다고 엄포를 놓았다. 그렇지만 우리는 이웃 아줌마의 도움으로 둘이 한 몸을 이루게 되었으니 결혼 전 성교육도 배웠어야 했었다. 우리는 너무 무지하기만 했다.

결혼 반지를 내다팔다

화곡동 문간방에서 시작된 나의 신혼생활은 손님 접대와 기다림의 연속이었다. 기다렸던 신혼의 보금자리가 생겼으면 우리 두 사람만을 위한 공간이 되어야 하는데, 남편은 정에 굶주린 사람처럼 사람들을 데려오기 시작했다. 낮에는 낮에대로 구원파 교인들이 번갈아 놀러 오기 때문에 쌀값 반찬값이 많이 들었다. 그러다 보니 결혼 후 보름쯤 되어서 생활비가 다 바닥이 났다.

"쌀이 떨어졌는데 …."

"아니, 벌써? 그럼 할 수 없네. 결혼 반지 팔자."

"결혼 반지를 판다구요?"

"아니, 구원받은 사람이 무슨 물질에 신경쓰고 그래?"

나는 많이 섭섭했다. 그렇지만 우리 두 사람은 두 말도 안 하고 그 이튿날 신세계 백화점에 가서 3만원을 받고 팔아 버렸다. 그 때는 전혀 의식을 못하고 한 일이었지만, 그렇게 쉽게 반지를 팔 수 있었던 이유는 우리 주님이 내 후년쯤이면 오실지 모른다는 구원파의 종말론적 사상에 깊이 빠져 있었기 때문이었다.

남편은 이 정도에서 그치지 않았다. 남편은 은행에 저금을 하거나 계를 들면 이혼할 줄 알라면서 월급의 대부분을 이단교에 바치거나 단시일 내에 물 쓰듯이 다 허비하기 시작했다.

새신랑의 늦은 귀가시간

남편은 툭하면 퇴근한 후에 이단 교주를 따라다니다가 밤늦게나 새벽에 귀가하는 날이 많았다. 으레 교주님 따라 다니는 것은 믿음 좋은 증거라 생각해서 나는 불만도 없이 잘도 기다렸다. 그 때부터 줄곧 나는 기다리는 인생이 되어가고 있었다. 가정에서 소외된 채로 성장한 남편은 소속감을 느끼게 해 준 이단에서 대체가정을 찾은 듯 했다.

간혹 일찍 퇴근하는 날에는 옆집의 이혼한 자매를 꼭 불러서 함께 저녁 식사를 하곤 했다. 우리 부부 단 둘이서만 저녁 식사를 한 기억은 별로 없었다. 식사가 끝나면 그 자매와 저녁 늦게까지 누구는 구원받았고, 누구는 아직 구원 못 받은 것 같다면서 끝없이 구원간증만을 되풀이 하였다.

이것은 구원파 교인들의 일반적인 증상이다. 일종의 구원 노이로제 현상인 것이다. 일요일 날에도 모임에 가서 구원설교에 대해서 듣고, 끝난 후에도 구원 간증 듣고, 집에 와서도 구원받은 사실이 놀랍다는 이야기뿐이었다. 이 집 저 집을 대여섯 명씩 몰려다니면서 구원 타령만 하는 실정이었다.

몇 달 후엔 구원파의 수요일 모임 장소로 우리 집을 정하게 되었다. 수요일 저녁이면 집회가 끝나고 우리 집에서 몇 분은 꼭 주무시게 된다. 그러니 신혼살림에 늘 김치를 담아야 했다. 우리 혼자서 감당하기 어려워 신혼부부 두 집이 일반 가옥을 통으로 전세내어 모임 집으로 헌신했다. 주중에는 물론이고 주일에도 툭하면 손님을 몰고 왔다. 이렇게 헌신적으로 살아가기를 일년쯤 하였다.

그 후, 임신으로 인해 입덧이 심해져서 차츰 모임 집은 취소하고 각각 살림을 나누어 살기 시작했다. 이런 모습이 내 신혼초의 상황이었다.

드디어 모임을 떠나다

첫아들을 낳고 두 달쯤 되었을 때였다. 영국 대사관에서 남편을 영국에 한 달간 출장을 보냈다. 구원파 외에는 다른 교회를 거의 접하지 않고 지냈던 남편이 영국에 출장 가서 영국 교회 몇 군데를 다녀 보게 되었다.

남편은 처음엔 마음을 열지 않았지만, 영국 교회 신자들의 예배하는 모습과 생활화 된 기도에 깊은 감동을 받게 되었다. 구원파는 전세계에서 구원은 오직 자기들만 받은 것이라 착각하고 외국에는 거듭난 그리스도인이 거의 없다고까지 주장하면서 지극히 폐쇄적이었다.

그런데 영국 교인들의 간증을 들어보고 남편의 마음이 움직이기 시작했다. 어디서든지 기도하는 그들의 모습에서 참과 거짓을 구별하게 된 것이었다. 구원파는 대표자만이 기도하면 된다는 식이다.

영국에 한 달간 출장을 다녀온 후 자연스럽게 남편은 구원파 모임에 깊은 회의감을 갖기 시작했다. 귀국 후, 구원파의 지도부에 마음의 확신을 전하기에 이르렀다.

"영국에는 구원받은 사람들이 많이 있던데, 우리도 마음을 활짝 열고 국제적인 교제를 나눕시다!"

"그리고 영국인들은 너나 할 것 없이 모두가 기도하는데, 우리 모임에서도 기도를 해야 할 것 같습니다."

"어디 외국에 가서 사단 영향을 받아 가지고 이단 교리를 끌고 들어와서 우리 교회 기둥을 송두리째 흔들어 놓으려고 하는 거야!"

구원파 지도자는 남편을 몰아 부치기 시작했다.

우리는 4개월간을 갈등하며 버티다가 결국 구원파를 떠나게 되었다. 그 당시 나는 모임에서 많은 사람들과 친하게 지내고 있을 때였다.

"이제는 모임을 떠납시다!"

남편의 입에서 이 말이 나오자마자 나는 한 주일도 지체하지 않고 남편과 합세하여 모임을 떠났다. 그러나 당시에는 혼란스럽고 당황스러웠다. 왜냐하면 모임을 떠난 후 몇 곳의 교회를 탐방하며 적응하려고 시도해 보았지만, 남편은 도저히 적응을 하지 못하는 것이었다. 스스로 환멸을 느낀 남편이 드디어 나에게 '교회 출석 금지령'을 선포하기에 이르렀다.

"앞으로는 어떤 교회에도 나가지 말고, 어느 교인에게도 차 한 잔 주지 마라! 나는 영원히 교회생활 하지 않을 것이다!"

비상선포가 떨어졌다. 당시에 나는 집 앞의 침례교회에 대학 동창을 전도해서 함께 잘 다니고 있을 때였다.

나는 남편의 말에 순순히 순복하고 교회를 다니지 않게 되었다. 그러나 마음이 답답할 때면 창 밖의 하늘을 쳐다보며 하나님께 하소연했다.

"하나님! 저는 남편이 하나님 믿는 것 하나 보고 모든 어려움을 참고 견디었는데 앞으로는 어떻게 처신해야 하나요?"

신혼초에 잘 했던 일들

결혼을 하면서 병원에 사표 내고 집안에서 살림만 하게 되니 자연히 식사를 정성껏 준비하게 되었다. 남편은 연애할 때 라면을 많이 먹어서 위궤양 증상이 있었다. 그래서 나는 요리할 때마다 신경을 써서 만들었다. 거의 매 끼니마다 반찬을 아홉 가지씩 준비했는데 고추장, 고춧가루는 사용하지 않고 짜지 않게 요리했다. 그랬더니 반년 만에 위장병이 다 고쳐졌다.

"당신을 내 개인 간호사로 채용한 것이 잘 했어. 정말 고마워."

먹성 좋은 남편이 종종 탐식을 하는 편이었지만, 그 후로는 소화에 별 문제가 없었다.

신체적인 병은 이렇게 쉽게 고쳐졌다. 그런데 심리적인 병은 진단도 되지 않았다. 그러던 어느 날이었다.

결혼초에 큰시아주버님이 실직 상태에 있어 어려움이 많으셨다. 친정아버님은 늘 이렇게 말씀하셨다.

"사람을 도와 줄 때는 고기를 잡아주지 말고 낚시하는 법을 가르쳐야 한다."

나는 친정아버님의 가르침대로 월급을 타서 큰시아주버님을 위해 종로에 있는 표구학원에 수강료를 지불하고 등록해 드렸다. 큰시아주버님은 성실히 표구를 배우셨고 그 기술을 가지고 지금까지 25년 넘게 표구점을 직접 운영하고 계신다. 그 시아주버님이 남편이 고등학교 다닐 때 동생(남편)을 함께 데리고 살며 돌보아 주셨다.

어린시절의 기억을 뒤로 하고 나이가 든 지금, 남편이 큰형님과 함께 잠시 …

그 어렵던 시절에 자기 자녀가 네 명이나 있는데도 단칸방에서 시동생을 데리고 함께 사셨다는 이야기는 정말 얼마나 고마운 일인지! 은혜를 다 갚을 순 없겠지만, 표구학원에 보내 드린 것은 너무 잘한 일이었다.

또한 막내 시동생도 고등학교를 졸업하고 놀고 있었는데, 그 시동생에겐 사진 기술을 가르쳐 드렸다. 그 시동생도 현재 사진관을 운영하며 평생직업으로 알고 잘 살고 있다.

2. 준비 없이 시작한 결혼초 이야기 ♥71

정리 및 도움말

결혼식 전날, 친정어머님께서 폐백 준비를 하러 시장에 가신다고 막 일어나셨다.

"폐백이 뭐하는 거예요?"

새신랑이 물었다.

"새색시가 시댁어른들께 음식을 마련하여 절하면서 인사 드리는 예식이야."

"음식을 놓고 절을 한다구요? 저는 폐백을 하면 결혼식 안 올릴 겁니다. 준비하지 마세요!"

갑자기 화를 내면서 반대하는 새신랑의 호통(?)에 어머님이 그냥 멈추셨다.

"새신랑이 저렇게 역정을 내니 폐백은 못 올리겠구나."

나 역시 폐백이 무언지도 모르고 두말도 못하고 멍할 수밖에 없었다. 이단 교리로 뭉쳐 있는 우리는 폐백이 무슨 미신적인 행위인 줄 오해했던 것이다. 이 사건은 두고두고 시댁식구들에게 예의도 안 지킨 새색시의 오점으로 남게 되었다.

결혼식은 올리긴 올렸다. 그런데 어떻게 시댁식구들과 잘 지내야 하는지 통 감각이 없었다. 또 시댁어른들을 어떻게 불러야 하는지에 대해서도 실수를 한참 한 후에야 시어머님이 가르쳐 주어서 교정을 할 수 있었다. 친정어머님은 내가 서울에 떨어져서 병원에 근무하다가 갑자기 결혼식을 통보하였기 때문에 무엇 하나 가르쳐 줄 기회도, 준비도 시킬 수 없으셨다.

"결혼이 뭐 대수야! 두 사람이 함께 밥만 해 먹을 수 있으면 되는 것이지."

나는 그렇게 생각했다. 그러나 그것이 아니었다. 결혼은 두 사람의 결합이요, 두 가족의 문화의 부딪힘의 시작인 것이었다.

전통 유교 문화의 배경 속에서 자라난 남편은 결혼하자마자 언론의 자유를 탄압하기 시작했다.

"내가 말하는 동안에는 절대로 끼어들지 말고 끝까지 다 듣고 묻는 말에나 대답해."

"무슨 여자가 이렇게 말이 많아?"

한 번은 중국집에 갔을 때였다.

"남자들 앞에서는 절대로 이야기 하지 말고 조용히 듣기만 하라고 그랬잖아!"

남편은 친구들 앞에서 나에게 나무젓가락을 던졌다. 나는 그런 남편을 이해할 수 없었다. 여자가 말하면 안 된다는 것을 나는 친정에서 한 번도 들어보지 못했던 말이다. 오히려 나는 웅변대회에 나가기 위해서 몇 번씩이나 아버지가 써 주신 원고를 식구들 앞에서 낭독하며 연습을 한 사람이었다.

'세상에! 말을 하지 말라고? 입이 왜 있는데, 벙어리로 살아야 해?'

나는 속으로 그런 생각만 했을 뿐, 반박 한 번 못하고 입을 다물려고 노력하기 시작했다.

나는 시댁과 왕래가 별로 없었지만 상담을 하다 보니 한 가지 사실을 알게 되었다. 그것은 결혼초에 새색시가 시댁에 적응할 기회는 너무 없고 요구만 많아서 힘든 경우를 보게 되었다. 새색시가 피 한 방울도 안 섞인 시댁식구들을 갑자기 사랑해 주기를 바라는 새신랑이 얼마나 많은지 아는가! 같은 피를 물려받은 자기도 잘 하지 못하는 사랑과 효도를 남이나 다름없는 새색시가 신혼초부터 잘 하길 바라고 있는 것이다. 이제 겨우 한 남자에게 사랑을 받아보고 싶어서 시집을 온 것 아닌가! 새신랑도 가장으로서 막중한 책임을 감당해야 하는 부담도 있어서 아내로부터 알뜰한 내조를 기대하게 되는 것이다. 이렇듯 서로 받기만을 기대하면 피차 힘든 상황이 될 수밖에 없다.

게다가 이삼십년 어머니에게 길들여진 남편의 입맛을 밥도 제대로 해보지 않고 공부만 하다 온 며느리가 맞춰 주어야 하니 얼마나 불리한 입장에 서게 되는지 모른다. 나는 아예 처음부터 요리 솜씨 경쟁을 포기했다.

"시어머님! 저는 어머님처럼 된장을 맛있게 못 끓이니까 어머님이 좀 해 주시겠어요?" 하면서 아예 칼자루를 맡겨버렸다.

이렇듯 연애할 때에는 전혀 생각하지 않던 일들, 챙겨야 할 행사, 시댁식구들과의 새로운 관계가 펼쳐지는 것이다. 긴 세월을 남편과 살면서 다른 시댁식구들과 잘 지내기도 했지만 나는 시어머님과 제일 좋은 관계를 누렸다. 신혼초에 우리 집에 모시고 살기도 했다. 대화하기를 좋아했던 나는 시어머님의 상담자 역할을 해 드린 것 같다. 그 때마다 어머님은 나에게 시집살이했던 이야기며 한을 많이 풀고 가셨다. 그 시어머님이 문득 그리워서 몇 년 전에 써 놓았던 글로 도움말을 대신할까 한다.

나의 가정이 이제 정상화 되고 자랑스럽게 생각되니 문득 시어머님께 말씀드리고 싶은 이야기가 있었다. 이미 하나님 품으로 가셨지만, 그곳을 향해서라도 나누고 싶었다.

시어머님께 드리고 싶은 이야기

오늘도 그저 평온한 날의 새로운 시작이에요. 지금 저는 어머님 생전에, 저를 흐뭇한 눈길로 바라보시며 정을 주셨던 것을 생각하니 눈물이 왈칵 솟네요.

왠지 오늘은 절실하게 어머님의 면전에서 긴 이야기를 나누고 싶어요. 글이라도 써야 제 마음을 달랠 수 있겠다 싶어서 컴퓨터 앞에 앉았어요. 가뭄에다 더위에다 힘든 계절이지만, 우리 내외는 요즘 마냥 행복한 나날을 보내고 있어요.

그런데 얼마 전이었어요.

당신의 아들은 저에게 한 가지 일거리를 제안해서 사실 마음이 좀 부산해지기 시작했어요.

"아무래도 우리의 결혼생활에 대하여 한 번은 글을 써야 할 것 같지 않아?"

세상의 어느 누구도 다 하는 결혼생활을 무슨 이유로 글을 써서 남에게 알려야 하나요? 만일 쓴다면 써야 할 동기와 이유가 저에겐 필요하다고 생각했어요. 아무리 생각해봐도 내가 꼭 써야 할 이유를 찾을 수 없더라구요.

왜냐하면 요즘 서점에 가면 어찌나 가정생활과 결혼과 자녀교육에 대한 책이 많은지 언제 그 책을 다 봐야 할지 모르겠는데, 제 글을 과연 어느 누가 읽어주겠나 싶은 생각이 들기 때문이었어요.

어쩌면 읽을 수도 있겠지요. 그건 지훈 아빠가 이단과의 투쟁으로 매스컴을 타서 많이 알려졌고, 현재 신학대학 교수로 행복한 가정생활 교육을 위해 전국을 다니면서 강의하고, 한국기독교가정사역학회 장도 했고 이래저래 유명해졌으니 그 사람의 아내가 책을 썼다고 하면 관심 있는 사람은 볼 수도 있겠지요. 본래 유명해지면 그 주변 사람도 덩달아서 움찔하게 되잖아요. 그러나 저는 그런 동기로는 글을 쓰고 싶지 않고, 조금이라도 의미를 느낄 수 있는 동기가 있기를 기대해 왔어요.

이제 저희가 결혼한 지 꼭 28년이 됩니다. 당신의 아들을 만난 것은 그 전이니까 30년이 되고요. 당신은 지금 뵐 수 없는 먼 곳에 계십니다. 그러나 저는 결혼생활을 뒤돌아보며 오늘, 어머님께만은 당신의 귀중한 아들과 며느리인 저의 삶을 나누는 글이라도 써야 할 것만 같은 절실함을 느낍니다. 그것으로 써야 할 동기와 의미가 충분하다는 생각이 들었습니다.

"너는 폐백도 안 하고 들어온 며느리야!"

돌아가시기 일주일 전에도 하셨던 말씀이지요. 저와 어머니의 관계가 좋았고, 무슨 말이든 평소에 잘 나누었기 때문에 그 말씀이 특별히 상처가 될 일은 아니지만, 가끔 하셨던 그 말씀은 애초에 제가 너무 격식도 안 차리고 들어온 며느리에 대한 아쉬움을 표현하셨던 것이겠지요. 그것이 시댁 모든 분들께 첫 인사라는 것도 모르는 저 자신이 그저 한심했지요.

어느덧 30여 년이 거의 됐네요.

얼마 전 온양에 있는 민속박물관에 가서야 우리나라의 전통 혼례 절차에 대하여 조금 알고 왔어요. 친정어머니는 폐백준비를 하시겠다고 말씀은 하셨는데 사위 될 사람이 "폐백을 하면 결혼식 안 올리겠다"고 우기니까 결국 취소해 버리고 말았지요.

그 외에도 채단(신랑이 신부 집에 보낸 청색 홍색의 두 가지 비단)

과 납폐(예장함에 예장지와 채단을 함께 넣어 신부 집으로 보내는 예물)는 받았지만 연길(사주 받은 후 신부 집에서 혼례 일을 정하여 신랑 집에 보내는 것으로 택일이라 함)을 보낸 기억은 안 납니다. 정말 미숙하기만 했던 시절의 시작에 불과한 일이였지요.

이번에 남편의 온양집회에 따라갔다가 저는 강의 듣는 일을 미루고 박물관에 가길 잘 했어요. 우리나라 민속 전통 혼례를 비롯하여 여러 조상들의 살아오신 모습들을 눈 여겨 볼 기회가 있었기 때문이지요.

제가 꼭 다른 나라 사람 이야기 하듯 한다고 생각하시겠지만, 사실 저는 너무나 그런 쪽은 배우지도 못하고 결혼이라는 관문을 통과한 여자였지요. 용인의 자연 민속박물관도 첫아이 낳고 무심히 보았을 뿐, 너무나 저는 생활 속에서 골고루 배우지 못한 철부지로 결혼생활을 시작한 것이지요.

심지어 시댁 어른의 칭호도 몰라서 큰형님을 이웃집 엄마 부르듯 "○○ 어머님"이라고 하지 않았나, 큰시아주버님도 큰삼촌이라고 부르질 않나 … 정말 지금까지도 창피하고 부끄럽습니다. 그래도 시어머님이 틈틈이 알려 주셔서 쉽게 교정은 되었지만, 아직도 아쉬움이 있는 건 "왜 결혼하기 전에 친정어머니께서 이런 것을 가르쳐 주시지 않았나" 하고 속이 상하곤 합니다. 그냥 생활 속에서 배웠어야 했을까요? 결혼 예비학교라도 있었으면 좋았을 텐데 말입니다.

그러나 어머님! 지난 날은 미약했지만 우리 내외는 계속 성숙을 위해서 노력할 것입니다. 어머니의 대견한 며느리답게 꿋꿋하게 살아갈 것을 어머님 앞에 다짐해 보고 싶었습니다.

추천도서

레스 패롯 부부_ 〔결혼, 남편과 아내, 이렇게 사랑하라〕. 정동섭 역. 요단, 2000.

_____ 〔부부가 꼭 알아야 할 결혼문제 100가지〕. 정지훈 역. 요단, 2000.

폴 투르니에_ 〔서로를 이해하기 위하여〕. 정동섭 역. IVP, 2002.

3
갈등과 번민의 역기능 가정 이야기

결혼 후 5년간이 나에게 있어서는 힘든 기간이었다. 남편이 성격장애자라는 사실을 모른 채 결혼해 살다보니 여기저기서 일이 터졌다. 이미 결혼은 했는데 일이 터진 상태라 아무리 남편을 이해하려고 해도 원인을 모르니 남편이 이해가 되지 않았다.

잔소리가 정신병 만든다

남편의 여러 가지 증세 중에서 가장 견디기 힘든 부분이 잔소리와 짜증이었다. 오죽하면 '잔소리가 정신병 만든다' 라는 책을 쓰고 싶다고까지 했겠는가? 아침에 일어나면 슬리퍼를 찾는 일부터 신경질을 내기 시작한다.

"우리 집엔 항시 슬리퍼가 없단 말이야!"(어제 밤에 잠잘 때 자기가 벗다가 침대 밑에 들어가게 했다)

"수건은 늘 이렇게 젖어 있단 말이야!"(선반에 새 수건이 많은데도

내려서 쓰지 않고 투정이다)

"왜 쓰레기통은 이렇게 차 있어?" (쓰레기통은 쓰레기 버리라고 있는 것이지, 깨끗이 비어 있으면 그게 쓰레기통인가?)

"시계는 왜 케이스에 안 넣고 이런 데 놓아서 물이 튀기게 해!" (그 손목시계는 원래 케이스가 없는 것이었다)

"왜 애들 신발이 이렇게 정신없이 어질러져 있어?" (애들 신발은 보기만 해도 귀여운 것들인데…)

"치약은 왜 끝에서부터 짜 쓰지 않았어?"

"손톱깎이는 왜 찾게 만들어?"

양말과 넥타이는 수십 개씩 있는데도 늘 마음에 안 든다고 매일 아침 투정을 꼭 하고 넘어간다.

어떻게 된 사람이 이렇듯 잔소리와 불평이 가슴에 가득찬 사람처럼 보였다!

남편의 폭언

성장하면서 정에 굶주렸던 남편은 열심히 손님들을 집에 몰고 왔다. 손님들이 오면 남편은 나의 흉을 보고 그 동안의 잘못을 일러바치는 것으로 화제를 삼곤 했다.

"저 사람은 컵을 툭하면 깬다."

"일년은 먼저 사는 여자."

"그렇게 걱정하려면 아예 영면하시지!"

"저렇게 무식한 여편네."

심지어는 남자들 앞에서 어려워하지 않고 말한다고 친구분들 앞에서 젓가락을 던지며 말을 막기도 했다.

"왜 여자가 남자들 말에 끼어들고 그래?"

"나는 딸 중에 네가 제일 불쌍하구나! 네 신랑이 그렇게 함부로 말을 해대니 …."

▲ 내가 힘들 때마다 격려해주고 기를 불어넣어준 막강한 후원자들(친정어머님과 언니들과 조카들).

친정어머니가 속이 상해서 그렇게 말을 하는가 하면, 교우 한 명은 남편의 기분 나쁜 언사에 충격을 받아 고개를 설레설레 내저으며 말했다.

"지훈 엄마는 간을 다 빼놓고 사나 봐요. 어떻게 그런 말을 듣고도 괜찮은 것처럼 받아 넘겨요?"

그러나 나는 이미 만성이 되었는지 상처받는데 익숙해져 있었는지 무감각하게 생각하고 있었다.

3. 갈등과 번민의 역기능 가정 이야기 ♥81

한 번은 여자 화장품 이름을 적당히 '환데 숀'이라고 했더니 "이 무식한 여자야! 화운 데이숀이지."라고 비웃고, 전화도 못 거시는 시어머님한테까지 "무식한 노인네!"라며 면전에서 미안할 정도로 구박하곤 했다. 자기가 영문학을 공부해서 발음이 좀 좋다고, 내가 간호사로서 했던 일을 자기가 할 수 있겠는가?

외식을 하게 되면 나에게는 하나도 묻지 않고 본인이 원하는 곳만 다녔다. 한 번은 비싼 양식을 먹고, "나는 장이 나빠서 기름진 것보다는 된장찌개가 더 속이 편한데 …."라고 말했더니 남편이 "너는 좋은 것을 사주어도 말이 많은 유치한 여자야!"라고 핀잔을 주기 때문에 나는 외식을 하고 나서 툭하면 체하기를 잘했다.

물론 영화를 보거나 쇼핑을 할 때도 서로 상의해서 결정하기보다는 자기가 가고 싶은 곳만 고집했다. 남편이 자기 보고 싶은 '쿵푸' 같은 중국영화만 보았다. 나는 공기가 안 좋아서 그런지 "머리가 깨지고, 눈이 빠질 것 같이 아파요"라고 했더니 "그럼, 응급차(앰뷸런스) 불러야지! 어떻게 하겠어?"라고 얼마나 큰소리로 야단을 치고 무안을 주는지 함부로 남편 앞에선 아프다는 소리도 할 수 없었다.

한 번은 방에 보일러가 작동이 잘 안 되어 기술자가 고치러 왔었다. 내가 그 사람에게 미소를 지으며 이야기했다는 이유로 "너! 왜 함부로 웃으며 말하고 그래?"라고 큰소리를 치며, 너무 험악하게 나를 야단치는 바람에 그 보일러 기술자는 그냥 이야기하다가 도중에 가버리고 말았다. 정말 황당했다.

"아저씨가 그렇게 무서운 분인 줄 몰랐어요. 겁나서 말을 못하겠더군요."

나중에 보일러 총각이 정색을 하며 말했다.

나는 결혼하기 전부터 기타를 쳤었다. 그런데 어쩌다가 유행가 한 곡이라도 부를라 치면 "어떻게 구원받은 사람이 그런 세상 노래를 부를 수 있느냐"고 핀잔을 주었다. 그래서 나는 서서히 기타를 손에서 놓게 되었다. 이리하여 나는 내 자신을 잃어버리고 나도 몰래 남편에게 길들여지고 있었다.

▲ 남편에게 스트레스를 받았지만, 그래도 크리스마스 때 어린 두 아들과 즐겁게 기타 치며 캐롤을 부르는 저자.

누구도 막지 못하는 쇼핑중독과 낭비벽

월급을 타면, 남편은 일단 책 몇 권 사오고 그 이튿날부터 돈을 써서 없애기 시작한다. 돈만 생기면 신세계 백화점을 단골로 다니며 쇼핑했다. 주로 옷치장 하는데 돈을 다 썼다.

양복은 두 달이 멀다 하고 맞추어 입고, 곧 이어 그 옷을 트집 잡아서 안 입고 남을 주어 버린다. 또 양복은 꼭 일류 재단사에게 비싸게 맞추었다. 와이셔츠도 백화점에 즐비한 것이 다 마음에 안 든다고 맞춤집에서 새로 맞추어 입을 정도로 까다로왔다. 넥타이도 비싼 실크 넥타이를 사는 걸 좋아했고, 양말은 으레 몇 켤레씩 사는 것이 당연시 되었다. 구두도 채 바닥이 닳기 전에 새 구두로 사기 때문에 지난 번 것을 버릴 사이도 없이 열 켤레 정도가 신발장에 쌓이게 되었다. 음악 테이프도 무수히 사고 또 사고, 책도 서점이 눈에 띄기만 하면 으레 몇 권씩 산다. 지금이야 교수이기 때문에 산다고 하지만 그 때는 교수도 아닌데도 늘 책을 사서 차곡차곡 쌓아 두는 것이었다.

이런 상황 속에서 어느 누가 한마디 하지 않겠는가? 내가 뭐라고 조금이라도 얘기하면 남편에게서 악이 나오니까 나는 꾹꾹 울음을 삼켜가며 그저 남편이 제멋대로 돈 쓰는 모습을 지켜보는 수밖에 없었다. 정말 미칠 지경이었다.

직장인 대사관에서 받는 월급은 보너스가 없었다. 그 대신 한 달에 두 번씩 월급을 받았다. 그렇지만 어찌나 남편의 낭비벽이 심했던지 모자라는 생활비를 언니들에게 늘 꾸어서 살아야 했다. 처녀 때, 나는 비상금이 항시 준비되어 있던 딸이었지만, 남편은 자기가 벌어 오자마자 곧 써버리는 통에 어떻게 비상금을 빼돌릴 기회가 없었다.

남편은 내면적인 열등감 때문인지, 외모에 자신이 없어서인지 생머리 때문에 자주 이발을 하고 기름까지 발랐다. 심지어 이발소도 일주일에 두세 번씩 가면서 이발비보다 팁을 더 많이 주는 등 돈을 허비하였다. 어느 날 적자 가계부를 쓰는 것에 지친 나는 남편 코 앞에서 가계부를 찢으며 울면서 애원을 했다.

"여보! 왜 매일 종말이 오는 사람처럼 돈을 허비하며 써야 해요?"

직장에 나갈 때도 택시 타고 출퇴근 하니 돈이 물처럼 나가는 것이었다. 그것은 낭비벽과 쇼핑중독에 빠진 증상이었다. 그런데 나는 그것도 인식 못하고, 한을 풀어 준다는 마음으로 속만 태우며 쇼핑을 따라다녔다.

이불 때문에 잠을 못 잤어!

우리 집 커튼은 하얀 바탕에 도라지꽃 무늬가 있는 평온해 보이는 것이었다. 그러나 그것도 남편에게는 불평거리에 불과했다.

"저 하얀 커튼 때문에 시야가 훤해서 밤새 잠을 하나도 못 잤단 말이야."

"이불이 두꺼워서 잠을 못 잤어! 좀 얇은 이불로 바꿔 덮어 주었으면 잘 잤을텐데!"

"오늘은 추워서 못 잤어."

"아니, 그러면 내가 자다가 말고 일부러 깨서 자기 이불을 바꿔서 덮어 주라는 말인가?"

아무리 성격이 이상한 남편이지만 잠자는 이불까지 탓하는 남편을 나는 도저히 이해할 수가 없었다.

'나는 잠도 안 자고 24시간 자기만 돌봐 주고 있으란 말인가? 자기는 손도 없나?'

지금 생각하면 뭔가 자기가 불안하고 문제가 있어서 못 잔 것을 전부 "이불 탓, 아내 탓"으로 돌리고 있었던 것이다. 자기 마음이 참 평화를 누리지 못하니까 잠을 제대로 잘 수가 없는 것이었다.

또 어쩌다 잘 때는 이를 '빠드득 빠드득' 갈면서 자거나 잠꼬대도 종종 하곤 했다. 뭔가 스트레스가 있어서 그랬던 것이다. 그런데도 그것을 나와 함께 나누려는 생각은 안 하고 자기 혼자서 끌탕을 하면서 마음고생을 하였던 것이다.

그 즈음에 남편이 직장을 영국 대사관에서 미국 대사관으로 옮겨 근무를 할 때였다. 모든 직원들이 다 나이가 지긋하여 경제적으로 여유도 있어서 옷들을 매일 다른 것으로 갈아 입고 다녔다. 이런 상황에서 남편이 가뜩이나 옷 입는 일에 까다롭고 열등의식을 느끼다 보니 경쟁심도 발동하고 직장생활이나 신앙생활에서 자기 혼자 번민이 많았을 때라고 생각되었다. 우리의 부부관계가 좀 더 인격적이고 대화를 조금이나마 할 줄 알았다면 마음의 짐을 나눠지면서 그렇게까지 잠을 못 이루지는 않았을 것이다.

시한폭탄 같은 남편의 분노

내가 남편과 더러 무슨 이야기를 나누려면 늘 살얼음판을 걷는 기분이 들곤 했다. 그러다 보니 자연히 나는 말을 가능한 하지 않게 되었다. 나는 여태껏 말하는 재미로 살았다. 그런데 남편과의 대화는 재미가 없었다. 내가 무슨 제안을 하기라도 하면 자기를 가르쳤다고 생각하여 기분 나빠하고, 자상하게 돌보면 참견한다고 야단을 떤다. 어떻게 할 수가 없어서 가만히 있으면 이젠 일을 만들어서 시비를 걸어오니까 미칠 지경이었다. 그것이 문제였다.

큰아들이 4살 때쯤이었다. 밥을 먹다가 밥상 앞에서 밥풀을 몇개 흘렸다. 남편은 그것을 참지 못하고 노발대발하며 호통을 쳤다.

"여보! 애가 어려서 좀 흘린 건데 …. 이렇게 손으로 집어서 치우면 되는 걸 …. 이게 죽고 살 일이에요?"

▲ "어렸을 때 밥 먹다가 밥풀 흘리지 않은 아이가 있는가!" 오직 엄마 등에 올라타 놀 때가 제일 신나는 일이었다.

"죽고 살 일은 아니지 …."
또 무슨 말을 하다가 자기를 무시했다고 느껴지면 고래고래 소리를 지르며 분노를 터뜨렸다.

나는 근원가정(자라난 가정)에서 무시당한 경험이 많은 남편이 인정과 칭찬에 굶주려 있었다는 것을 나중에야 깨닫게 되었다. 시시때때로 터지는 분노폭발은 마치 시한폭탄이 장치되어 있다가 기회만 생기면 터질 준비가 되어 있어 터지는 것 같았다.

남편은 돈만 생기면 쇼핑을 나가는데 꼭 나를 데리고 가는 것을 좋아했다. 내가 좀 더 싼 것을 권하거나 자기 마음에 들지 않는 것을 건네기라도 하면 또 화를 버럭 내는 것이었다. 그래서 쇼핑을 하고 돌아오는 길에는 꼭 큰소리가 나서 그 때마다 나는 얼어붙은 분노와 울분을 속으로 삼키며 돌아오기 일쑤였다.

3. 갈등과 번민의 역기능 가정 이야기 ♥87

"왜, 저 남편은 저렇게 화가 날까? 어떻게 말해야 화가 안 날까?"
나는 전혀 예상 못한 일에 화를 내니까 남들 보기에도 너무 무안하고 속이 상하고 말이 막힐 뿐이었다.

이렇듯 남편은 결혼 초부터 여러 면에서 욕구불만 투성이었고, 분노와 비판이 뒤섞여서 폭언을 자주 터뜨리곤 했다.
'정말 어떻게 남편의 비위를 맞춰서 저 괴팍하고 뒤틀린 심사를 달랠 수 있을까?'
나는 많은 세월을 무던히도 견디며 인내를 해야 했다.
남편은 격려받고 인정해 주는 것을 얼마나 갈구하는지 모른다. 조금만 자기의 의사에 반대하거나 새로운 다른 제안을 하면 그것이 곧 자기에 대한 거절감으로 느껴지는 모양이었다.
"네가 나를 이렇게 무시할 수 있어?"
이런 말을 하는 것은 너무나 비일비재했다.
그러면 나는 속으로 생각하게 된다.
'자기가 자기 취향이 있으면 나도 있는 것인데, 어째서 자기의 의견과 취향만이 중요하단 말인가? 왜 자기 의견에 인격을 걸고 상처받기로 작정하고 살까? 자기 의견과 자기를 분리시킬 수는 없단 말인가? 나는 단지 남편의 그런 생각에 반대하는 것이지, 남편을 거부하는 것이 아닌데 …'

나는 너무 가슴이 답답했다. 그러던 어느 날 나는 그저 그런 남편에게 적응하기 위한 십계명을 나 스스로 작성하여 보았다.

> 1. 나는 로봇이니까, 감정 없이 기계적으로 대하자.
> 2. 나는 무식해서 아무것도 모르는 여자니까, 그냥 시키는 일만 하자.
> 3. 나는 취미도 없는 여자니까, 남편의 취미만을 생각하며 살자.
> 4. 나는 의견이 없는 여자니까, 남편의 의견만을 들어주자.
> 5. 나는 사랑할 자격도 없는 여자니까, 남편의 사랑만을 받으며 살자.
> 6. 나는 말을 하면 남편의 화를 돋우니까, 들어주기만 하자.
> 7. 내 기분보다는 남편 기분만을 좋게 만들어 주자.
> 8. 남편의 잔소리를 자상한 배려라고 생각하자.
> 9. 종말이 곧 올 것으로 생각하고 돈을 맘대로 쓰게 하자.
> 10. 남편의 고집을 신념이라고 좋게 생각해 주자.

나는 이렇게 적은 십계명대로 살려고 노력하고 내 자신을 억압하며 살아가노라니 우울증이 생길 수밖에 없었다.

도대체 나는 남편의 머리 구조가 어떻게 생겼는지 분석해 보고 싶었다. 이 세상에서 내 남편은 아무것도 전혀 통하지 않는 콘크리트 벽처럼 느껴졌다.

나는 점점 가슴이 답답해졌다. 그리고 툭하면 눈물이 나면서 하루하루가 힘들고 지겨웠다.

'도대체 왜 결혼해서 이 고생인가?'

'앞으로 이 남편과 어떻게 살까?'

정리 및 도움말

사실 나는 바보처럼 남편 비위만 맞추어 주고 기쁘게만 해 주었다. 그러나 정작 내 자신은 속으로 불행을 되씹고 있었다.

남편이 폭군으로서 만족을 느끼며 살아가고 있을 때였다. 결혼 5년이 지날 때쯤에 남편은 친척이나 친구만 오면 자아도취에 빠져서 툭하면 이렇게 말하곤 했다.

"결혼은 사랑하는 사람하구 해야 돼! 사랑하지 않는 사람하고 사는 사람들이 이혼하는 것을 나는 이해할 것 같아!"

남편은 엉뚱한 이론을 펴면서 잘난 척을 하였다.

그 때는 남편한테 상처를 많이 받고 살 때이고, 한참 미움이 깊어서 그런 소리 듣는 게 정말 거북스러웠다. 결혼해서 오로지 남편 성질은 다 받아주면서, 나의 욕구는 거의 채워지지 않아 목구멍까지 불만이 쌓인 상태에서 급기야 이런 말을 내뱉었다.

"나는 당신이 하도 불쌍해서 이웃돕기 하는 마음으로 동정해서 결혼한 거예요."

"나는 요즘 들어 내 자신이 불행하다고 생각되고 자꾸 눈물이 나면서 우울해지곤 해요!"

나의 이런 말에 남편이 충격을 받았다. 그리고 이삼일 동안 말이 없었다.

곧이어 나는 마음을 달래주는 편지를 남편에게 써서 위로를 해주고 위기를 겨우 면했다.

"당신의 사랑한다는 말 한마디보다는 나의 동정의 마음이 더 성경적인 사랑이라 생각해요."

지금 시점에서 정리를 해 본다면, 남편은 나를 단지 좋아한 것이고, 나는 동정한다고는 했지만 의지적으로 한 사람을 도와주고 사랑하기로 작심을 한 것이라고 말하고 싶다. 남편은 사랑을 어떻게 해야 전달을 할 수 있는지 모르는 사람이었다. 항상 마음속으로 나를 좋아하면 내가 그것을 사랑으로 느끼는 줄로 알았다. 상대방을 기쁘게 해 주는 것이 사랑인데, 자신의 욕구만을 채우기 바빠서 자기가 만족스러우니까 나도 만족한 줄 아는 모양이었다. 적어도 나를 기쁘게 해주려면 나의 욕구가 어떤 것인지를 알아서 채워 주려는 시도가 있어야 하는데, 말만 늘 사랑한다고 하면서 비인격적으로, 이기주의로, 자기 본위로만 살아온 세월들이었다.

우리 내외가 서로 사랑하기 위해서는 서로 인격적으로 존중하고 상대방에서 관심을 가져야 했다. 서로의 차이를 인정하고 상대방을 받아 주어야 하며, 나를 생각해서 나도 기쁘게 해 주었어야 했다.

우리 부부와 다른 부부간의 갈등들은 애정관계 요인에서부터 시작하여 성문제, 경제적 요인 등이 있다. 성격(기질)문제로 이기심이나 질투, 불신, 불성실, 폭력성, 미성숙, 기만 때문에 갈등이 생긴다. 사회적, 문화적 배경으로서 근원가정에 대한 이해 부족, 인생관, 영적 성숙도 등 가치관의 차이로 갈등이 야기되기도 한다. 그 외에 자녀문제, 건강문제, 친족간의 문제(고부문제, 재산분쟁), 그리고 부부 서로의 대인관계 문제와 남성과 여성의 차이로 인한 문제가 갈등으로 대두될 수 있다.

부부 사이의 이런 갈등을 처리하기 위해서는 서로의 생각과 의사를 잘 전달할 수 있는 능력이 있어야 한다. 먼저 상대방의 의도를 잘 듣고, 공감할 수 있어야 하며, 들은 후에 내 의견을 효과적으로 잘 말할 수 있어야 한다.

부부싸움을 할 때 싸움을 위한 싸움이 아니고 함께 문제를 풀어가는 데 목적을 두어야 한다. 무엇보다 상대방에게 책임을 떠넘기기 보다는 나의 책임도 어느 정도 인정하면서 용서를 주고 받아야 한다. 서로의 의견을 긍정적인 제안이라고 생각하면서 분노를 다스릴 수 있어야 한다.

부부 사이에 대화를 나누기 위해서는 먼저 상대방이 무엇을 말하고 싶어하는지 미리 예측하지 말고 끝까지 이해하는 마음으로 잘 들어 주어야 한다. 서로간에 감정 싸움을 하지 말고, 문제 해결을 위해서 싸움의 목표를 분명히 할 필요가 있다. 서로간 인격 공격을 하지 말고, 상대방의 무언의 뜻을 헤아리도록 노력해야 한다. 또 중간에 말을 막지 말고, 충분히 할 말을 다 하게끔 여유를 가져야 한다.

그 다음에 자신의 마음을 잘 전달하려면, 먼저 상대방을 공격하지 말고, 인정해 주고 믿는 가운데 말한다는 사실을 알려야 한다. 그러기 위해서는 불평보다는 격려하는 말로 바꾸어 표현하되, 생각보다 자기 감정을 말하도록 한다. 상대방이 원하는 사랑의 언어로 말하고 상대가 싫어하는 말투는 삼가도록 해야 한다.

남편의 상태가 좋아진 첫신호는 그 후로 몇 년 뒤에, 내적치유를 받으면서 언어생활에 먼저 변화가 왔다. 내가 뭔가 걱정을 하면 "아예 영면하시지 무슨 걱정을 그렇게 하는 거야"라는 말에서 "참 너는 섬세하구나"라고 바꾸어 말하는 것이었다.

또 뭔가 준비하느라 절절매는 모습을 보고는 "십년은 먼저 살아가

네! 쯧쯧!"이라고 비웃던 말에서 "준비성이 있어서 참 좋아!"라고 칭찬해 주기 시작했다.

덩달아 기분이 좋아진 나도 남편에게 반응했다.

남편의 게으름과 나태함을 "당신은 참 여유가 있어서 좋아요!"라던가, 일중독 증세를 두고 "당신처럼 성실한 사람은 많지 않아요"라고 격려해 주었다.

표정이 어두울 때는 "당신 표정이 근엄해 보여요"라고 하고, 뭔가 화가 나 있을 때는 "뭔가 상처를 받은 일이 있어요?"라며 관심을 표했다. 무엇보다도 잔소리가 확 줄고 거의 안할 때는 "여보, 나는 당신이 잔소리를 안 하니까 오늘 죽어도 한이 없어요"라며 남편을 아낌없이 칭찬해 주었다.

사실 어려서부터 거의 칭찬이나 격려의 말을 듣지 못하고 자란 남편은 칭찬과 격려에 제일 기분 좋아하고 감동을 많이 받는 것 같았다. 그래서 나는 강의하러 다니면서 이렇게 말하곤 한다.

"제 남편의 정신건강은 저의 칭찬요법으로 좋아졌어요!"

능력을 부여(기를 살려주는)하기 위해서 나는 이런 말로 남편의 기를 살려드렸다.

"여보, 다른 사람들 강의를 많이 들어 보았지만 나는 당신의 강의가 재미있어서 인이 박혔나 봐요. 다른 사람의 강의는 시시해서 못 듣겠어요. 나는 당신 팬이에요!"

그 외에도 남편의 기를 살리기 위해 이런 말을 했다.

"당신은 팔방미인이야. 통역도 잘 하지, 강의도 잘 하지, 글도 잘 쓰지, 돈도 잘 벌어오지, 잘 가르치지, 멋진 남편을 모시고 사는 나는 복이 많은 사람이라구요."

　이런 말로 인정과 격려를 받은 남편이 나에게 험악하게 나올 수가 없는 것이다.

　"그러므로 무엇이든지 남에게 대접을 받고자 하는 대로 너희도 남을 대접하라"(마 7:12).

　먼저 내가 격려와 칭찬을 많이 하니까 덩달아 남편도 늘 격려와 칭찬을 아끼지 않았다.

　"당신은 잠언 31장에 나오는 현숙한 여인이야."

　우리 내외는 "서로 이웃돕기 합시다. 대단해요, 고마워요, 미안해요, 어쩌나, 기뻤어요"라는 말을 생활에 많이 적용하면서 살아가고 있다.

추천도서

정회성_〔아버지, 이제는 사랑한다고 말할 수 있어요〕. 죠이선교회, 2005.
＿＿＿ 〔하나님은 내 인생의 내비게이션〕. 죠이선교회, 2006.
찰스 셀_ 〔아직도 아물지 않는 마음의 상처〕. 정동섭 역. 두란노, 1998.
샌드라 윌슨_ 〔상한 마음으로부터의 자유〕. 정동섭 역. 두란노, 2005.

2부
회복의 과정

4
회복의 길에 들어서다

사람이 치유받는 데에는 한 가지 방법만 있는 것이 아니다. 우리 남편의 치유도 마찬가지였다. 깊은 대화를 통해서, 여러 책을 통해서, 생활을 통해서 이루어졌다. 여기에는 긴 과정과 많은 시간이 필요했다. 성숙을 향한 끝없는 성화의 노력이 뒤따랐다.

점점 심인성 질환자가 되어가다

'남편에게 무조건 잘 해주고 천사처럼 대해 주면 좀 변화가 생기겠지!'

나는 그렇게 기대하며 막연하게 대처하였다.

결혼 후 6년째가 되어갈 즈음이었다. 나는 점점 우울증 환자가 되어 가고 있었고, 협심증 환자가 되어 갔다. 옆에서 남편이 큰소리만 질러도, 심지어는 찬송가 소리를 듣는데도 가슴이 철렁 조여 오는 것이었다.

나는 싸움을 할 줄 몰랐다. 그래서 남편의 여러 가지 증상을 그냥 다 들어주는 수밖에 다른 도리가 없었다. 간호사가 수술실에서 여러 수술 기구를 의사에게 딱딱 대령하듯, 남편의 잔소리와 이기적인 요구와 갈등과 분노와 상처를 아무런 대처 없이 술술 받아만 주었다. 그러면서 나 자신은 속으로 점점 신경증 환자가 되어 갔다. 나는 내가 무엇인가 잘못을 했기 때문에 남편에게 지적을 당하고 야단을 맞는다고 생각하면서 거짓된 죄책감과 상처를 속으로 내면화하기에만 급급했다.

사람이 상처를 받으면 제일 먼저 분노가 마음속에 쌓이게 된다. 그리고 그 분노가 보복심리로 바뀌어서 증오심을 낳고, 결국엔 폭력으로 나타나는 경우가 많다.

또 다른 경우는 그렇게 상처를 받게 될 때 나처럼 스스로를 억압하는 사람이 있다. 남편이 나한테 억울하게 하면 나는 그저 눈물만 펑펑 흘리고 안경을 집어던지고 울기만 했지, 남편과 맞서서 싸움 한 번 제대로 못했다. 나 자신을 그렇게 억압하다 보니 그것이 나중에 우울증이 되면서 신경증 환자가 되어갔던 것이다.

이렇게 마음에 갈등이 쌓이고 억압을 하다가 생기는 병이 정신신체 상관질환, 즉 심인성 질환이다. 자연히 편두통이나 위궤양 증상이 생겼다.

내가 간호사 출신이긴 했지만 정신과질환 계통에는 관심이 없었기에 도통 이런 일을 겪으면서도 병에 대한 인식이 없었다. 나는 병이 깊어가는 줄도 모르는 사이에 서서히 내게 우울증과 심인성 질환이 생기게 되었다. 나는 가슴이 답답해지고 숨을 몰아쉬는 협심증에다가, 머리가 빠개질 듯이 아프고 눈이 빠져나갈 듯이 쑥쑥 쑤시는 증상에 시달렸다. 남편의 스트레스를 얼마나 받아주기가 힘에 겨웠으면 온 몸에 두드러기가 났을까? 병원에선 식중독 때문에 생긴 두드러기는 아니라고 했다.

그 당시에 나는 이상한 증후군에 시달렸다. 그것은 남편이 집에 퇴근할 때쯤 되면 나는 몸이 나른하고 아팠다. 마음은 늘 울적하고 눈물이 곧 쏟아질 것만 같았다. 그 때만 해도 그런 증상이 남편에게서 받은 고통과 스트레스로 인해 생긴 것이라는 인식이 거의 없었다. 마음 속의 분노를 억지로 억압하고 누르니까 몸의 이곳저곳이 아프다고 아우성을 치기 시작한 것이었다.

그런 일이 있기 전에 읽었던 여러 책들은 나의 이런 증상들엔 별로 도움이 안 되었다. 과연 어떤 책을 읽어야 도움이 되고 치유가 일어나길 기대할 수 있을지 생각조차 못했다.

그런데 우연히 한 권의 책이 나의 새로운 시각을 일깨워 주었다. 그것은 정신과 의사인 폴 투르니에 박사가 쓴 「**인간치유의 심리학**」이란 책이었다. 나는 처음으로 그 책 내용이 '나의 생활과 삶의 문제를 정확히 이야기하고 있구나' 란 생각을 하게 되었다. 책 속의 수많은 사연들이 우리 삶의 현장이며 나의 문제도 그 사연 중의 하나의 케이스가 되는 것이라는 인식을 하면서 흥미를 느꼈다.

무엇보다 지금의 나의 문제가 정확하게 진단 되어야만 치유와 회복이 시작될 수 있다고 생각했다. 처음으로 나의 병이 남편과의 관계로 인해 생긴 것임을 인식하면서, 이렇게 일방적으로 남편에게 당하고 살면서 방치할 일이 아님을 절감하게 되었다.

성격장애자와 함께 살면 신경증 환자가 만들어진다

세상에는 세 부류의 사람이 살아가고 있다.

첫째는, 심신이 건강한 가운데 자기 삶을 즐기고 자기의 길을 유유히 걸어가는 사람들이 있다.

둘째는, 눈에 보이는 듯 마는 듯 신체적으로 장애가 있는 지체장애자들이 있다.

셋째는, 외관상으로는 장애가 없지만 속으로 갖가지 심리적인 장애와 갈등 때문에 본인과 그 가족에게 문제를 가져다 주는 사람들이 많이 있다.

특별히 내가 관심을 기울이고 있는 사람들은 숨겨진 심리장애자들이다. 살아가다 보면 여러 가지 가슴 아픈 일을 접하게 된다. 지체장애자들이 삶의 여러 영역에서 불편함을 겪듯이, 심리장애자들 역시 가족은 물론 주위에 사랑해야 할 이웃과 얼마나 많은 상처를 주고 받으면서 마음이 멍들어 가고 있는지 모른다. 이것이 정신적인 일이기 때문에 겉으로는 드러나 보이지 않는 싸움인 것 같다.

그러나 이것은 분명 영적 싸움이다. 내가 결혼초 몇 년여 어간에 겪었던 온갖 어려움들은 사단이 우리 가정을 깨뜨리려고 사실적으로 공격해 왔던 것이기 때문이다.

남편은 자기 심기가 조금이라도 불편하기만 하면 너무 쉽게 이렇게 말했다.

"아이구, 나 이혼하고 싶어!"

지금 생각해볼 때 다행스러운 것은, 그 때 남편하고 싸움을 한다고 해서 그것이 남편과의 이혼 사유가 된다고는 생각지 않았다. 문제는 반드시 해결될 수 있는 것으로 보았다. 그래서 어찌하든지 그 못된 남편의 성질을 살살 비위만 맞춰 주면 해결될 걸로 생각했다. 아니, 더 솔직히 말하면 남편 없이 나 혼자 살 준비가 되어 있지 못했고, 남편과 같이 동반중독에 걸려서 신경증 환자가 되고 있기 때문이었다.

간단히 말해서 성격장애를 가진 사람은 문제의 원인이 전부 환경 탓이요, 상대방이 문제라는 식이다.

"다 네 탓이야",

"자식이 잘못해서 날 화나게 했고, 저 물건이 저 쪽에 있으니까 화가 나는 것 아닌가!"

그러나 신경증 환자는 상대방이 화를 내고 기분나빠 하는 것이 모두 다 자기 탓으로 생각한다. 신경증 환자는 매사에 "다 내 탓이야! 내가 남편 비위 못 맞춰서 그런가 보다", "우리 엄마가 아버지 비위를 좀 더 잘 맞춰주면 아버지가 저러지는 않을 텐데…. 엄마는 왜 저러나!" 이러면서 자식들까지 점점 신경증 환자가 되어가곤 한다.

결국 성격장애자와 같이 살면 자동 신경증 환자가 생겨서 이런 악순환이 계속 반복된다. 우리 부부가 바로 그런 생활을 했다.

성격장애자는 같이 사는 사람들을 못 살게 구는 사람이고, 신경증 환자는 자기 자신을 들볶고 못 살게 하는 사람이다. 남편은 성격장애자요 나는 신경증 환자 역할을 했던 것이다. 상대방의 갖가지 성격장애(자기애성, 의존성, 반사회성, 경계선적, 편집증적 등등)와 강박충동적 생활 방식에 적응하려는 과정에서 부부가 함께 동반중독(의존중독)이 되는 것이다.

지금도 많은 부인들이 남편에게 구타를 당하면서도 그냥 참고 살아가고, 남편의 외도를 알면서도 그냥 견뎌 내고, 알코올중독 남편에게 길들여지고 있는데, 이런 상황을 통틀어 동반중독 혹은 의존중독

4. 회복의 길에 들어서다 ♥101

이라 할 수 있다.

저질로 나올 때는 저질로 대해라

이제 어렴풋이 남편의 병을 알게 되었다. 마음속에서 남편에 대해 섭섭하고, 미워지기 시작했다. 아니, 더 솔직하게 말하면 굉장한 반발심과 분노가 느껴졌다. 비로소 내 자신의 감정에 솔직해지기 시작한 것이다. 지난 날 남편이 무서워 절절 매면서 나 자신을 죽이고 자존심도 없이 남편 비위만 맞춰 주고 희생하며 타협했던 것이 후회스럽게 느껴졌다. 이제부터는 나 자신을 찾고, 심신의 건강을 추스리고 싶었다.

그러나 무슨 방도가 없었다. 막무가내로 화만 버럭버럭 내고, 비인격적이고, 이기적이고, 자기 생각만 관철시키려 하고, 자기 욕구만 채우려 하는 남편을 어떻게 다루어야 할지 대책이 서지 않았다.

대개 사람들은 갈등이 생길 때 그 갈등 상황을 회피하거나, 일방적으로 상대방에게 순응하여 갈등을 임시방편으로 덮어둔 채 살거나, 싸움을 해서라도 서로 이기려고 한다.

그런데 더 좋은 방법은 자기 생각과 감정을 사랑 안에서 솔직하게 이야기함으로써 서로의 입장을 이해하고 타협하거나 갈등을 해결하는 것이다. 이런 방법을 모른 상황에서 내게 새로운 전환기가 발생했다.

그 날은 새로운 마음으로 집안 대청소를 끝내 놓고 있었다.
'오늘이야 말로 남편에게 지저분하다고 지적당하지 않겠지 ….'
퇴근을 하고 돌아온 남편은 옷을 바꿔 입자마자 집안을 한 번 휘 둘러 보았다. 의자를 녹음기 앞에 신경질적으로 탁 갖다 놓으면서 갑자기 악을 쓰기 시작했다.

"하루종일 먹고 놀면서, 그래 이것 하나 제자리에 꽂아 놓지 않고 뭘했어?"

말하는 모습도 내가 아주 한심하다는 투로 무시하는 언행이었다.

"이렇게 케이스에 넣어서 선반에다 꽂으면 끝나는 일인데!"

방금 녹음기에서 찬송 테이프가 끝났기 때문에 꺼낼 시간적 여유도 없던 차에 남편이 불쑥 집에 들어와서 나는 저녁상 준비로 분주히 움직이고 있을 때였다. 내 입장에서는 너무도 황당하고 기가 막히는 일이었다. 방금 듣던 테이프를 케이스에 넣어서 책꽂이 앞에 꽂아 놓지 않았다는 것이다.

나는 순간 가슴이 울컥했다. 심한 좌절감, 분노, 절망, 억울함, 섭섭함…. 나는 맥이 확 풀어졌다.

'정신병자가 순간적으로 사고를 치는 것이 이럴 때 발작하는 거로구나!'

그 동안에 쌓이고 쌓였던 감정이 한꺼번에 쏟아지기 시작했다. 눈물이 왈칵 솟는데 끼고 있던 안경이 그렇게 걸리적거릴 수가 없었다. 나는 안경을 집어서 힘껏 내팽겨쳤다. 콩나물을 볶던 프라이팬도 마루에 힘껏 내팽겨쳐 버렸다.

"당신…! 나, 오늘부로 손들었어!"

"로봇같이 움직여 주는 년 데려다 살든지 맘대로 해!"

나는 방으로 뛰어 들어갔다. 그리고 침대 위에 나뒹굴면서 큰소리로 통곡하였다. 하늘이 무너지고 땅이 꺼지는 듯한 좌절과 절망이 엄습해 왔다. 공든 탑이 무너지는 기분이 들었다.

'지금까지 얼마나 험한 꼴을 당하면서도 참고 살아왔는데 ….'

'이렇게 끝나는 것을 …. 왜 그렇게 남편을 무서워하고, 할 말 못하고, 싸움 한 번, 반항 한 번 제대로 못하고 살았단 말인가! 이제는 더 이상 버틸 힘이 없어. 나는 저 인간 마누라 노릇은 못하겠다. 오늘부로 사표를 내야겠다!'

내가 울면서 아무리 생각해도 억울하고 분하고 비참한 기분이 들었다.

그 동안 남편에게 당했던 행동이 수모로 느껴졌고, 남편을 칼로 찌르고 나도 죽고 싶은 마음이 들었다. 결혼생활 6여년 동안 나는 얼마나 남편 입을 재봉틀로 박아 버리고 싶고, 그 입술을 잘라 놓으면 한 접시 가득할 거라는 생각을 할 정도로 내 마음이 황폐화 되었는지 모른다.

"아니! 찬송 테이프를 케이스에 넣어서 꽂아 놓으라는데 왜 울고 난리야?"

남편은 다소 움찔한 듯한 억양으로 다가와 물었다. 그 때 나는 마음에 결단을 했기 때문에 남편이 예전처럼 무섭지 않았다.

'쫓겨나면 쫓겨나지! 아니 더러워서 못살겠네!' 라는 생각이 들었다.

"한 번 말 좀 해봐! 뭐가 그렇게 분하고 억울한지를 … 내가 들어 줄게!"

"…… 흑 흑 ……."

"정말, 내 말을 들어 줄 거야? 그럼 중간에 내 말을 끊지 말고 들어 줘요. 제발…."

나는 울음을 진정시키고 마음을 가라앉혔다. 그리고 마치 어떤 일을 경과 보고하는 것처럼 담담히 말하기 시작했다. 이혼을 결심하고 난 사람이 결혼을 마지막 평가하는 기분으로 말을 했다.

"여보! 그 동안에 나는 열심히 노력해 봤는데 … 이제 더 이상은 당신 비위 맞추며 살아갈 기력이 없어졌어요. 처음에 결혼할 때부터 마음에 부담되고 기분 나빴던 일부터 이야기할게요."

내가 처음에 시집 올 때 싸구려 장롱 사왔다고 빈정댔던 일로부터 시작해서, 다 싸놓은 이삿짐을 다시 풀어서 손님을 접대하게 했던 일, 매일 반복되는 잔소리, 모든 일에 완전주의로 일관하며 일중독에 빠져서 나를 거들떠보지도 않았던 일, 걸핏하면 분노중독, 결벽증, 수없이 행한 폭언들, 낭비와 쇼핑중독 등등이 얼마나 나를 힘들게 했는지를 조용하게 차근차근 이야기해 나갔다.

그리고 방금 테이프 듣다가 끝난 것을 갖고 온통 집안을 뒤집어 놓는 일까지를 포함하여 앞으로도 함께 살아갈 희망이 보이지 않는다면서 나의 속마음을 다 털어 놓았다.

"솔직히 이젠 아내의 역할에서 영원히 은퇴하고 싶어요."

그런데 이상했다. 남편이 하나도 반박하지 않고 끝날 때까지 다 들어 주고 있는 것이 아닌가!

"여보! 정말 잘 들어보니 내가 정말 너무 못된 놈이네 …."

"나에게 한 번만 더 기회를 주지 않겠어? 내가 한 번 노력해 볼께!"

"왜 그동안 이렇게 일목요연하게 말을 안 해주고 살았어?"

"세상에 … 한 가지씩 당할 때마다 매번 그것 때문에 어떻게 못 살겠다고 따져?"

"먼지가 오랫 동안 창에 들러붙어 더러워지면 어느 날 마음 먹고 창을 닦는 것처럼, 문제가 많이 쌓이니까 말하게 되지? 그러나 가끔

씩 이야기를 했을 때도 당신이 들을 생각은 눈꼽만큼도 하지 않았잖아요?"

"사실, 내가 당신 말을 너무 안 듣고 내 욕구만 채우기 바빴지… 아무튼 여보! 내가 이렇게 무릎 꿇고 빌고 싶은 마음인데, 정말 한 번만 기회를 더 주오. 응?"

남편은 정식으로 무릎을 꿇으며 미안해 하는 것이었다.

'그 완강하던 사람이 이런 면도 있었구나. 자기 잘못을 인정하다니!'

나는 속으로 그렇게 생각했다.

"여보! 정말 내 마음 이해할 수 있어요? 나는 내 마음만 알아줘도 다시 한 번 살 수 있을 것 같애."

사실 이 날이 결혼 후 처음으로 남편에게 공감 받는 날이었다.

새로운 시대가 열리는 대화의 시간이었다.

'어머! 정말 저질에는 저질로 대해야 대화가 되나 봐!'

나는 속으로 그렇게 생각하며 쾌재를 불렀다.

사랑의 교회는 영적인 병원이었다

겨우 남편이 자신의 부족함을 인식하고 노력하기 시작했을 때였다. 그 당시 하나님께서도 때가 되었다고 생각하신 듯했다. 사람을 통해서 원격 조정을 하기 시작하셨다.

남편이 구원파를 탈출하여 몰몬교와 지방교회라는 이단을 방황하던 중 환멸을 느끼고 교회 다니는 것을 중단했을 뿐 아니라, 영원히 교회생활을 하지 않을 것처럼 선전포고하며 교회도 안 나가고 있을 때였다.

하루는 어떤 선교사를 만날 일이 있다고 서초동에 있는 은평교회(현재의 사랑의 교회)를 다녀오더니 심각한 얼굴로 말하였다.

"며칠 후에 사랑의 교회 개척 2주년 기념 여름 수련회에 참석하기로 했는데 함께 가자!"

나는 아무런 기대도 하지 않고 두 아들을 데리고 참석했다. 그러나 아들 때문에 한 번도 설교를 들을 수 없었다. 무척 예민한 둘째아들이 교회만 들어가려면 울고 보채는 바람에 강당 입구에도 못 들어가고 수련회 기간 내내 아들을 달래며 밖에서 시간을 보냈다.

그리고 거의 끝나는 날이었다.

남편이 나를 보더니 또 그 험악한 얼굴로 야단을 쳤다.

"왜 밖에서 서성이고 설교 들을 생각은 하지 않는 거야!"

"이놈이 하도 울고 보채서 못 들어가는 거지, 내가 안 들어가는 거예요?"

나는 남편 보는 앞에서 아들 뺨을 후려치면서 반박했다. 더 이상 말을 못하고 남편은 교회로 홱 들어가 버렸다. 나는 참담한 기분이 들었다.

'누구는 애기를 보고 싶어서 안 들어가는 줄 알아? 애기 보느라고 생했다는 소리는 못할 망정 화를 내다니 …. 요즘 왜 이렇게 짜증이 나고 화가 날까?'

지금 돌이켜 보면, 나는 그 당시 깊은 계곡을 통과하는 중이었다. 남편은 금새 변할 것 같지 않고, 남편을 받아 주는 내 마음도 바닥이 났고, 깊은 좌절과 낙심 속에 병들어 가고 있을 때였다. 우리 결혼생활이 마지막 바닥을 치고 있었던 것이다. 그 때 하나님께서 서서히 작업을 하기 시작하셨다.

　남편은 비로소 하나님의 인도하심에 따라 사랑의 교회 여름 수련회에서 사랑과 용서의 주님을 만났다. 드디어 그리스도의 은혜의 복음이 돌덩이와 같던 성격장애자 남편을 부드러운 솜처럼 변화시키기 시작하였다. 예수 그리스도의 복음이 남편을 변화시키기 시작한 것이다. 남편은 자신의 가장 가까운 이웃이 자기 아내라는 사실을 깨달았고, 사랑해야 할 그 이웃에게 함부로 성질내고 괴롭히고 폭언을 한 것이 거룩하신 하나님 앞에 무서운 죄가 된다는 것을 깨닫고 온전히 회개하기에 이르렀다.

　사람은 책임감을 느낄 때 스스로 회개하고 변화할 수 있다. 성령은 그의 죄를 책망했고 그로 하여금 돌이키게 만들었다. 그 변화는 급속도로 진행이 되기 시작했다. 몇 번의 고비가 있었지만 확실히 홍해가 갈라지듯, 남편의 속사람은 기적처럼 빠르게 변하고 있었다. 그러면서도 마음 한 구석에선 일말의 불안감도 없지 않았다.

　'언젠가 다시 원점으로 되돌아가지는 않을까?'

　마음의 쓴뿌리를 치유하지 못한 채 신앙생활하던 남편은 가끔 대수롭지 않은 일에 분노가 폭발해 나를 낙담시키곤 하였다. 그러나 분명한 것은 남편은 이미 돌아갈 수 없는 다리를 건넜음에 틀림없었다.

　사랑의 교회를 다니면서 근 8개월 동안을 매주 설교 시간마다 울고 또 우는 남편의 모습을 보면서 '무슨 한이 저렇게도 많을까?' 라고 추측만 할 뿐, 남편의 쓴뿌리와 상처에 대해서는 거의 알지 못하고 있었다. 남편의 성격장애는 저절로 생긴 것이 아니었다. 그것은 성장과정에서 받았던 상처 때문이라는 것을 나중에 차츰 알게 되었다.

　하지만 그 당시에는 일단 하나님과의 관계회복에 중요한 전기가 마련되었다. 사랑의 교회로 인도하여 사랑의 하나님을 만남으로써 이단에서의 방황에 종지부를 찍게 했다. 뿐만 아니라 가정생활에도 변화의 바람이 불게 되었다. 영적인 대수술을 받은 것이다.

그 때의 설교 말씀은 「고통에는 뜻이 있다」라는 책에 수록된 주옥 같은 말씀들이었다. 그 말씀들은 우리 부부가 아무 영문도 모른 채 갈등하고 경험한 갖가지 아픔들이 영적인 의미가 있음을 부여해 주었고, 치료하는 양약의 역할을 하였다. 나는 깊고 깊은 계곡에서 산 정상을 향해 고개를 쳐들게 하는 계기가 되었다.

그 설교집의 제목은 우리 부부가 제안해서 결정된 것이었다. 그 당시에 우리가 읽고 있던 폴 투르니에의 「삶에는 뜻이 있다」에서 힌트를 얻어 붙여드린 제목이었다.

대사관에 사표를 던진 남편

사랑의 교회에서 4개월이 지났을 무렵, 게리 콜린스라는 미국인 교수님이 온누리 교회 주최로 상담에 대한 강의를 선보일 때였다. 남편은 그분의 강의를 통역하면서 상담을 받는 것인지 통역을 하는 것인지 모를 정도로 강의 내용에 심취되어 울면서 강의 통역을 했다.

"너무나 내 마음에 와 닿는 강의였기 때문에 눈물 없이는 도저히 통역을 할 수 없었지!"

남편의 고백이었다. 그 때 남편은 하나님의 위로의 음성을 들으며 "남을 이해하고 도와주고 사랑하는 상담 사역"에 여생을 바치라는 소명을 받았던 것이다. 그런 소명을 나와 상의할 겨를도 없이 어느 날 통보를 일방적으로 해왔다.

"여보! 나 대사관에 사표 냈어!"

▲ 남편은 우연한 기회에 게리 콜린스 교수의 통역을 하게 되었고, 통역을 하면서 은혜를 받아 평생의 그의 사역 방향이 정해지는 계기가 되었다. 왼쪽은 통역하는 정동섭.

"상담심리학 공부하러 미국에 유학할 생각이야."

성격이 단순한 남편은 당시 미국 대사관의 홍보전문위원이라는 직책을 그만두고 당장 유학을 가서 상담심리학을 공부하겠다고 했다. 경제적으로나 심리적으로 아직 아무런 준비가 안 된 상태에서 남편이 불가능한 일에 도전하는 사람처럼 보였다.

"당신 마누라 마음 하나도 제대로 이해 못하면서 무슨 상담이고, 심리학공부에요?"

나는 남편의 말을 반박했다.

"이제 은혜 받고 한 번 잘 살아보려고 했는데 나하구 한마디 의논도 없이 또 이럴 수 있어요?"

나는 속이 상해서 역정을 냈다.

"그렇게 부족하니까 공부라도 해서 자신을 바꿔보려고 그러는 것 아니야!"

"전셋돈 450만원 뽑아서 당신이나 가요. 나는 안 가요."

"당신 유학 갈 돈도 없거니와, 내가 벌어서 당신 공부시킬 자신도 없어요."

"이렇게 부정적인 여자랑 앞으로 어떻게 살아갈지 걱정이다!"

남편은 나를 침대에다 밀치며 한 차례 때렸다.

그 전 같으면 들은 척도 안할 남편이 나의 마지막 말을 깊이 새겼는지 자기 생각을 꺾고 당시 정주영씨가 회장으로 있던 전경련(전국 경제인 연합회)에 다시 취직을 했다. 자연스럽게 유학 가는 일은 연기되고 말았다.

청천벽력 같은 성희의 정신분열증

내가 하늘 아래서 처음으로 한 영혼을 사랑한다고 자신했다가 절망한 사건이 있었다. 그런 일이 우리 가족에게서 일어났기 때문에 나는 충격을 받았다. 그 대안으로 「가족의 정신건강을 위한 모임」을 사역으로 시작하게 됐는지도 모른다.

내가 이 사랑의 불꽃을 처음 태운 상대는 나의 여자조카 성희였다. 고등학교 1학년 때 학교를 중단하고 어느 날 꽃을 사들고 오는 성희가 이상한 행동을 하기 시작했다.

"우울증이 와서 공부도 하기 싫구 해서 학교를 자퇴했어."

늘 조용하던 성희의 행동이 좀 이상하다 싶었다. 그렇지만 크게 신경 쓰지는 않고 기분 전환이나 하러 시내에 나갔다. 그런데 길거리를 지나가며 성희가 예전같지 않은 말을 했다.
"이모, 사람들이 자꾸 나를 쳐다보는 것 같애!"
"누가 너를 쳐다본다고 그래? 다 자기 일에 바빠! 신경 쓰지 마라."
이렇게 시작된 대화는 점점 이해 못할 수준으로 발전되었다. 성희의 병은 깊어만 갔다. 하지만 우리 가족들은 서로 의견만 분분할 뿐, 별 뾰족한 대책이 없이 시간을 보내고 있었다.

성희 엄마(나의 큰언니)는 재혼을 하였다. 새아버지가 학교 선생님이었는데 퇴근시간이 성희의 하교시간과 같을 뿐 아니라 방학과 쉬는 날도 똑같았다. 성희는 예전처럼 엄마와 재미있는 얘기도 나눌 수 없고 자꾸 눈치가 보여 자기 방에만 있게 되었다. 그러다 보니 성희는 집에서 겉도는 신세가 되었다. 더구나 다른 학교로 전학을 가는 바람에 친구도 없고, 누구와도 대화를 나누지 못한 채 1년을 보냈다.

그러던 어느 날, 거울을 보았다.
"아니, 내 얼굴이 찌그러져 보이네. 코에서도 무슨 냄새가 나는 것 같고 이상한 소리도 들리잖아. 뭔가 시커먼 형체가 보이는 것도 같고…."

나는 성희의 얘기를 들으면서도 정신병원에 데려갈 생각은 전혀 못했다. 사실 갑자기 이런 일을 당하면 바로 정신병원에 데려갈 사람이 몇 명이나 되겠는가? 며칠 지켜보다가 증상이 더 심해지면 목사님이나 친척이나 교인들에게 겨우 말을 꺼내기 마련이다.

명색이 간호사 출신이었던 나도 무지했다. 성희의 증세는 좀처럼 나아질 줄 몰랐고, 큰언니는 용기를 내서 정신병원을 찾아갔다. 성희의 병명은 정신분열증이었던 것이다.

그 즈음에 언니와 형부는 미국으로 유학을 떠나게 되었다.

'계속 사랑해 주기만 하면 병세가 호전되겠지?'

나는 그냥 쉽게 생각하고 조카를 데리고 살기로 했다. 한 6개월 정도는 서로 잘 지냈다. 성희는 집안 일도 잘 도와 주었고, 나와 한 시간씩 찬송을 부르기도 했다. 자라나면서 받았던 상처에 대해서도 많은 이야기를 나누었고, 팝송에 맞추어 춤도 추었으며, 이젠 병이 다 나은 것 같다는 말도 했다.

우리는 너무 기뻤다. 그리고 나는 식구들에게 큰소리를 쳤다.

"사랑이 약이라니까!"

그러던 어느 날이었다.

"이모! 나 이제 더 이상은 쇼하기 싫어. 제발 나 좀 죽여줘!"

"아니, 너 그게 갑자기 무슨 말이야?"

"이모가 상처받을까 봐 숨기고 살려고 했는데, 이젠 더 이상 안 되겠어. 너무 괴로워! 죽고 싶어! 하지만 자살하면 지옥에 갈 거 아냐? 그러니까 이모가 나 죽여주면 지옥에 안 가지!"

나는 성희의 말을 들으면서 정신을 차릴 수가 없었다.

"지금까지 잘 지냈던 게 다 쇼였다고? 잠이 안 와서 이불을 물어뜯으며 울었다구? 머리가 깨지게 아팠는데 숨겼다구?"

그 당시 나는 다섯 살, 두 살짜리 아들을 기르고 있었고, 남편은 미국 대사관에 다니다가 새로 공부를 하기 위해 사표를 내서 얼마 안 되는 번역료만 가지고 어렵게 살 때였다.

'이렇게 나도 살기 어려운 형편에 우리 어린 아들도 신경 안 쓰고 조카한테 최선을 다했는데…'.

성희의 절규는 나로 하여금 황당하게 했다. 나는 절망감에 사로잡혔다.

4. 회복의 길에 들어서다 ♥113

"제발, 나한테 협조 좀 해다오. 나도 애들 키우면서 너 돌보기도 힘들어 죽겠어!"

나도 성희에게 소리쳤다. 그리고 안방으로 들어가 문을 걸어 잠그고 울기 시작했다.

얼마나 시간이 지났을까?

갑자기 와장창 유리창 깨지는 소리와 온갖 세간이 다 부서지는 요란한 소리가 들렸다. 연이어 안방문이 부서졌다.

위기감을 느낀 나는 도대체 무슨 일이 생겼는지 살필 겨를도 없이 두 아들을 침대 밑으로 밀쳐넣었다. 성희는 나를 죽이겠다고 울부짖으며 베란다 쪽 창문으로 들어오려 했다. 나는 침대 밑에 숨겨 놓았던 아이들을 다시 끌어내서 부서진 문을 열고 함께 뛰쳐나왔다.

거실 바닥은 깨진 유리조각으로 난장판이 되었다. 나는 이웃집 아파트로 어떻게 달려갔는지 모를 정도로 달려가 피했다.

결국 그 날 쇼가 벌어진 후 조카는 우리 집을 떠나 전라도의 한 기도원으로 보내졌다.

나는 한동안 좌절감과 죄책감에 시달렸다. 밤마다 새아버지와 엄마의 방문 거는 소리에 깊은 외로움을 느꼈던 조카가 나의 좌절 섞인 욕과 신경질을 내며 문 걸어 잠그는 소리에 발작을 일으킨 것이라고 생각하니 괴로워서 견딜 수가 없었다.

이런 발작은 정신병의 한 증상으로서, 사소한 작은 자극만 받아도 나타날 수 있다는 사실을 나는 나중에야 알았다. 그러나 그 당시로서는 '내가 화를 내지 않고 그냥 받아 주었더라면 발작하지 않았을 텐데'라는 자책감 때문에 밥도 먹을 수 없었고 정신을 차릴 수도 없었다.

나는 너무 허망하고 쓸쓸했다.

그 후로 나는 심한 불안증세를 느끼며 공포와 불안에 떨었다.

어느 날이었다.

나는 화장실 변기에 앉아 이 생각 저 생각을 하다가 하나님께 기도하기 시작했다.

"하나님, 제 정신을 좀 붙들어 주세요. 조카처럼 돌지 않게 도와 주세요. 저까지 정신병에 걸리면 제 남편과 아이들이 또 저처럼 고통스럽고 아프지 않겠습니까? 저를 도와 주시면, 남편이 그토록 하고 싶어하는 상담심리학을 공부할 수 있도록 열심히 돕겠습니다. 그리고 조카 몫까지 열심히 살겠습니다. 또 정신병 환자의 가정을 우리 가족처럼 돌보는 일에 헌신하겠습니다."

나에게 힘든 날들이 계속되었다. 낮잠을 자기도 두려웠다. 극도의 신경과민 상태에서 몸무게가 10킬로그램이나 줄었다.

성희 아버지는 겉으로 볼 때 대학에서 정치외교학과를 수석으로 졸업하고, 전임강사로 곧 교수가 될 사람이었다. 장래가 촉망되는 젊은이를 사위로 삼고 싶어했던 친정어머님의 권유로 언니는 가정교사였던 형부와 결혼하였다.

그러나 형부는 의처증이 심했다. 그리고 결혼생활이 평탄치 않았다. 나중에 알게 된 사실은 형부는 시골 아랫지방에서 양반의 세 번째 첩의 아들로 태어났던 것이다. 의처증은 집안의 대물림 된 병이었다. 겉보기엔 양반집 아들이었지만 속으로는 서자로 자라면서 수치심이 많았고, 어머니의 과잉보호를 받았음에도 여러 상처 때문에 생긴 마음의 병을 어느 누가 어찌 알 수 있었겠는가? 아무튼 그 좋은 머리와 실력에도 불구하고 성희 아버지는 지금도 사회생활을 등진 채 깊은 산 속에서 독거하며 여생을 지내고 있다.

아골 골짜기에서 소망의 문을 열어 주신 하나님

조카 성희사건으로 인해 내가 좌절한 지 보름쯤 지났을 때였다. 남편이 '아골 골짜기'라는 이동원 목사님의 설교 테이프를 들어 주었다. 그 동안 어떤 좋은 테이프를 들어도 귀에 들어오지 않았기에 이번 테이프도 아무 기대도 하지 않고 큰 생각 없이 그저 들었다.

그런데 이번에는 달랐다. 처음부터 내 가슴을 치는 음성이 들리기 시작했다.

"그러므로 내가 저를 개유하여 거친 들로 데리고 가서 말로 위로하고"(호 2:14).

알량하게 인정 베푼 것을 내세우며 교만하게 살았던 내 모습과 부자들을 미워했던 나의 죄성이 가슴을 치면서 스스로 고통과 연민에 빠져 허우적거리는 나를 광야로 데리고 나가 위로해 주시는 하나님의 사랑이 절절이 다가왔다. 그 하나님의 사랑 앞에 섰을 때 성희에게 그 동안 베풀었던 나의 사랑은 그야말로 반딧불처럼 작고 보잘 것 없는 것임을 인정하지 않을 수 없었다. 나의 작은 사랑에는 조금의 희망도 없었다. 오직 하나님의 사랑에만 희망이 있었다.

"거기서 비로소 저의 포도원을 저에게 주고 아골 골짜기로 소망의 문을 삼아 주리니"(호 2:15).

그렇다. 하나님은 그 때 내가 아골 골짜기를 통과하고 있음을 아셨다. 그러나 그분은 바로 그 고통의 자리에서 소망의 문을 열어 주시길 원하고 계셨다. 그 문이 어디로 향한 것인지는 모르나 분명히 살 길을 열어 주신다는 것이다. 이것은 하나님이 나에게 주신 약속이었다. 변하지 않는 언약이었다.

이 하나님의 약속 앞에 격동하던 속마음의 풍랑이 잠잠해지기 시작했다. 한 사람의 정신건강이 그 가족과 하나님께 얼마나 귀한 일인지가 느껴지면서 나는 다시 살고 싶다는 의욕이 솟구쳐 올라왔다. 하루 하루가 지나면서 내 삶에 대한 하나님의 주권을 인정하는 마음과, 조카의 고통과 나 자신의 고통을 수용하는 마음이 점점 더 커져갔고, 이 험난한 세상에서 살아가는 일을 받아들일 수 있게 되었다. 그런 가운데 그 동안 나에게 나타났던 이상한 신체적 증상들도 하나 둘 사라져 갔다.

어떠한 고통 속에서도 사는 의미를 발견하는 사람은 살아갈 수 있다는 말이 있다. 하나님께서는 바로 나에게 그 새로운 삶의 의미를 부여해 주셨다. 나는 「가족의 정신건강을 위한 모임」 일을 감당하기 위해서라도 일어서야만 했고 살아야만 했다.

'아골 골짜기' 란 설교를 통해 하나님을 인격적으로 만나는 체험을 함으로써 나의 공황장애는 자취를 감추게 되었다. 사랑은 두려움을 내어쫓는 힘이 있다.

남편의 상담심리학 공부를 결정하다

나는 간호사 출신이면서도 정형외과와 중환자실에만 근무했다. 그래서인지 정신병 환자를 어떻게 다루어야 할지 잘 모르고, 오직 사랑하는 마음 하나로 조카를 무식하게 돌보고 있었다. 환각작용과 환청, 환시가 나타나면 그것은 정신분열 증상이기 때문에 병원에 가서 약을 2개월만 먹고 나면 일단 환청작용은 없어지는 것이다. 그런데 그냥 '열심히 기도나 하면 좋아지겠지' 또 '영적으로 귀신 쫓아주면 될까?' 이런 생각을 했던 것이다. 그래서 사실 우리 그리스도인들이 더욱 문제를 어렵게 만들고 만다. 우리 크리스천들이 영적으로 잘못 살아서 죄가 있을 때는 하나님 앞에 나가 죄지은 것을 회개하고 목사님의 도움을 받아야 된다.

그러나 심리적으로 정서적인 문제가 있는 것은 상담자나 심리학자들에게 가서 카운슬링 받으면서 도움을 받고, 또 정신병이 생겨서 눈에 뭐가 보이고 귀에 뭐가 들리는 현상이 오면 그 때는 당연히 정신과 의사의 도움을 받아야 한다.

정신병은 내 경험을 놓고 볼 때 그저 따뜻한 사랑의 마음만 가지고 있다고 도울 수 있는 병이 아니었다. '전문적으로 공부해야 할 과제구나' 라는 생각이 들었다. 이제야 말로 남편이 상담심리학 공부를 하도록 협조하겠다고 마음 먹게 되었다.

그 시기에 남편은 직장인 미국 대사관에 사표를 던지고 상담심리학 공부를 위해 나를 설득하고 있었다. 사실 안정된 직장을 그만두고 공부하겠다는 남편을 말리지 않고 그냥 받아주는 아내는 하나도 없을 것이다. 나도 적극적으로 남편의 늦깎이 공부를 반대했다.

그런데 성희 사건을 계기로 나의 생각이 바뀌었다. 나는 비록 직접 공부할 수는 없지만 남편의 공부를 적극적으로 지원해 주기로 결심했다. 그리고 나 자신도 남편의 도움을 받아가며 정신건강에 관련된 책들을 읽고 정보를 모으기 시작했다. 이것은 하나님께서 약속하신 소망의 문으로 들어가는 첫걸음이었다.

"여보! 당신이 설령 사막 같은 곳에 간다 할지라도 협조할께요. 공부 시작하세요!"

그 때부터 남편은 본격적으로 상담과 심리학책을 읽으면서 한 단계씩 치유의 여정을 향해 나아갔다. 그 즈음부터 나와의 관계도 눈에 띄게 변화가 일어나기 시작했다.

남편은 미국으로 유학가기 전에 먼저 대전의 침례신학대학원에 입학했다. 늦깎이 공부를 시작하게 된 것이다. 우리 부부가 갈 바를 알지 못하고 기도하고 있을 때, 주님은 이동원 목사님을 통해 대전 침신대에서 미국인 교수 두 분이 강의 통역자를 찾고 있다는 정보를 알려 주었다.

"여보, 넓이뛰기를 할 때 더 멀리 뛰기 위해서는 뒤로 많이 물러가는 지혜가 필요해요."

나는 남편을 설득하였다. 그런데 결정을 할 때 가장 힘들었던 부분이 교회 정리였다. 문제는 어떻게 정들고 사랑받고 우리 내외를 치료해준 사랑의 교회(옥한흠 목사 시무)를 떠날 수 있는가 하는 것이었다. 사랑의 교회를 떠나야만 하는 처지가 너무나 아쉽고 섭섭하였다. 우리 두 사람은 기도하다 말고 부둥켜안고 울고 말았다.

"여보! 정말 정들었던 교회를 떠나기가 섭섭하네요. 그렇지만 사랑의 교회는 우리에게 병원이었잖아요? 병원은 병이 어느 정도 나으면 떠나야 하는 곳 아니겠어요? 병원엘 한없이 입원해 있을 수는 없잖아요?"

남편의 궁금했던 성장 과정

　조카의 사건을 통해 내 마음을 변화시키신 하나님은 결과적으로 남편에게 관심이 있었음을 발견했다. 그리고 남편은 대전 침신대에 입학하였다. 남편이 하나님을 만난 후 인격적으로 성숙해진 증거는 나를 많이 배려한 것이었다. 그런데 남편은 자기의 유학을 반대한 내 생각을 많이 배려하고 일단 유학을 연기시켰다. 그런 다음에 남편은 전경련에 들어가 6개월간을 근무하였다.

　그 사이에 조카 사건이 터졌고, 아직 준비도 안된 나의 마음에 남편비전이 내게서 일어난 것이다. 이제는 아무 미련 없이 새롭게 인도하시는 주님의 손에 이끌리어 만학의 길을 걷는 여정에 들어갔다.

　서울 서초동 23평 기름보일러 아파트에서 대전의 17평짜리 연탄때는 아파트로 이사했다. 겉보기에도 번듯한 직장생활을 청산하고 이젠 가난한 신학생 신분으로 검소한 생활이 시작된 것이다. 수입이라야 침신대에서 미국인 교수의 강의 통역비 30만원이 전부였다. 두 아들과 생활력 없는 나를 데리고 늦깎이 공부가 시작되었다. 34세에 공부를 시작한 남편은 자기 학교공부하랴 미국인 교수 통역하랴 1인 2역을 감당하며 생활비와 등록금을 벌면서 힘들게 공부했다. 그 때부터 머리가 하얗게 쉬기 시작했다.

　뒤늦게 시작한 신학생 생활은 정말 검소하고 청렴한 생활이었다. 20년 전의 월급 30만원(미국인 교수의 통역비)은 미국 대사관에 다니던 때의 넉넉한 월급에 비하면 너무도 보잘 것 없는 액수였다. 그렇지만 사치와 낭비벽으로 풍족한 월급을 축내던 남편의 생활 태도가 변화되어 낭비벽이 사라졌기 때문에, 나에게는 오히려 근검절약하며 살아가는 것이 더 없이 재미가 있었다.

그렇게 남편이 생활에 협조함으로써 대전에 이사 온 지 2년 뒤에는 17평짜리 아파트를 전세 끼고 살 수가 있었다. 비록 한 달도 살아보지 못하고 유학을 갔지만, 유학을 떠나면서도 귀국하면 들어갈 집이 있다는 사실이 그렇게 감사할 수가 없었다.

"적은 소득이 의를 겸하면 많은 소득이 불의를 겸한 것보다 나으니라"(잠 16:8)는 말씀대로 의로운 삶은 적지 않은 열매와 소득을 가져다 주었다. 나는 겉으로는 신학생 아내의 입장에 있었지만 옛날을 돌이켜보면서 가장 마음 편한 시절을 보내고 있었다.

어느 날 짐 정리를 하면서 남편의 고교, 대학시절의 일기장을 발견하여 읽게 되었다. 착실하고 성실하게 학생생활에 임한 모습이 눈에 선하게 내비치었다.

그러나 몇 가지 문제점이 있는 것을 눈치챘다. 남편의 가족 관계에 대한 얘기가 너무도 없는 것이었다. 마치 부모도 없고 가족도 없는 고아가 살아가는 모습이었다.

'왜 자기 가족의 이야기가 이렇게 없을까?'

'왜 정해진 자기 집에서 잠을 자지 못하고 잠자리가 매일 바뀔까? 이유가 뭘까?' 이런 궁금증이 생겼다.

사실 2년간 연애를 할 때나 결혼을 한 이후에도 남편은 자라날 때의 이야기를 거의 하지 않았다. 연애 시절에는 거의가 다 모임(구원파) 식구들 이야기뿐이었고, 결혼해서도 시어머니와 막내 고모를 통해서 두 사람의 이야기만 들었을 뿐 정작 남편의 성장 과정에 대해서는 하나도 모르고 있었다.

일기장 때문에 나는 남편에 대해 궁금해졌다. 그래서 남편의 성장 배경에 대해서 물었다.

"여보, 당신 성장할 때의 이야기 좀 해 줘요."

"별로 할 이야기가 없는데."

"당신도 내 성장 배경에 대해서 잘 모르지요? 제 이야기부터 함께 들어보세요!"

우리는 여러 날에 걸쳐서 이야기를 나누었다.

나는 김포평야 지방에서 자라났다. 주로 봄이면 초록색 잔디밭 같은 양탄자를 쳐다보고, 초가을이면 황금색의 물결을 감상하면서 정서를 물들였다. 딸이 다섯, 아들이 하나인 형제들 속에서 나는 넷째 딸이었다.

아버지는 일찍 개화를 받아들이셔서 유교적 관념이 거의 심어지지 않은 분이셨다. 우리 딸들과의 관계가 친밀하셨다. 자연히 대화도 많이 하셨고, 놀아 주기도 많이 하셨다. 지금 살아 계신다면 80이 넘으신 연세지만 이미 50년 전에 기타를 치셨고, 탁구도 웬만큼은 치셨다. 화투를 함께 치면서 아버지의 굵은 손목도 딸의 손가락에 내맡기셨다. 개울가로 고기를 잡으러 가실 때도 딸들을 죽 데리고 가시곤 하셨다. 많은 딸들과 친구처럼 어울리며 친밀감을 주셨다. 따라서 나는 남자들을 상대하기가 그리 어렵게 느껴지지 않았다. 이런 성장 과정이 내가 대인관계를 쉽게 맺고 사람을 편하게 대하는 사람이 될 수 있게 만들었다.

또한 친정어머님은 성격이 차분하고 말이 많지 않은 분이시다. 그러나 한 번 말씀하시면 교훈적이고, 인격적인 내용의 말씀을 하는 분이셨다. 다른 딸들은 몰라도 나는 지금껏 어머니의 말을 통해 상처를 받은 적이 거의 없었다. 아버님은 말이 많으시다 보니까 상처 주는 말씀을 더러 하셨다. 그러나 그렇게 많이 나눈 이야기를 생각하면 빙산의 일각이었다. 시집 간 딸들에게 일일이 편지한 것이 딸들마다 수북이 쌓여 수십 통씩이나 된다. 6남매에게 쓰셨던 글을 합치면 책으로 여섯 권은 족히 될 것이다. 내가 결혼 전에 책은 많이 읽지 못했지만, 아버님의 영향으로 대화가 많은 집안에서 자라났다는 사실은 나에게 더없는 행운이라 생각된다. 아버님의 물질 유산은 거의 없다. 그렇지만 남겨 주신 유산은 가족끼리 풍성한 대화를 나누며 살게 하신 것으로, 나는 이것을 삶의 진수로 생각한다. 몇 년 전부터 친정언니들 세 명과 세 달에 한 번은 함께 여행을 다니며 많은 대화를 나눈다. 이것은 몸에 밴 어린 시절부터 늘 해오던 아름다운 친정식구들의 모습이다. 우리 친정 식구들은 말하는 재미를 알고, 그 재미를 만끽하며, 그것들을 통해 늘 기가 살아난다.

반면에, 남편이 자라난 환경은 나와 너무 대조적이었다.

우선 자라난 환경부터가 정반대였다. 충청도의 첩첩 산중에 하늘에서 내려오면 첫동네라는 산골짜기의 막다른 산 밑 동네였다. 학교 가는 길도 오솔길로 외길이었다. 남편은 30리나 떨어진 곳에 초등학교가 있었던 반면에, 나는 10분 정도 되는 면 소재지에 학교가 있었다. 이렇게 자라난 환경이 서로 정반대였다는 사실을 나중에서야 알게 되었다.
남편은 10남매 중의 넷째아들로서 출생 순서는 나와 같았다. 아들이 많은 집안에서 유교의 전통을 이어받은 집안이고, 농사를 짓는 전형적인 집안이었다. 남편의 간증책(「어느 상담심리학자의 고백」)에서도 밝혔듯이, 전형적인 역기능 가정 속에서 피해를 받고 많은 상처를 받으며 자라났다. 그러나 나는 성장 과정 중에 상처받은 기억이 별로 없다. 그러니 남편에 관한 숨겨진 어떤 사연을 알기 전엔 남편을 이해할 수가 없었다. 양쪽 집안 모두 학문은 별로 많지 못했지만, 우리 친정아버님은 일제시대 때 사진기술을 배우고 그때 많이 번 돈으로 그 지방에 고등학교를 설립하신 재단 이사장이셨다. 어머님도 일찍이 직업을 가진 직업여성이셨다.

이렇게 집안의 기본적인 배경이 전혀 다른 환경의 영향을 받은 사람들이 짝이 되어 결혼을 하였다. 결혼을 해서 신혼 살림을 시작했지만 서로 다름으로 인해서 오는 갈등이 엄청났다. 결혼만 하면 그냥 행복하게 살아지는 것으로 알았다. 서로 각자가 결혼 전에 어떻게 성장했는지에 대한 깊은 이해가 없이 처음부터 그냥 두 사람이 적응이 쉽게 되는 것이 결코 아니었다. 그러나 시간이 지나고 차츰 남편의 성장 과정을 알고 나서부터 남편의 모든 중독증상이 왜, 어떻게 생길 수밖에 없었는지 이해되기 시작했다.

시어머님의 소천

대전에 와서 사는 동안에 서울의 시어머님께서 소천하셨다. 퍽이나 인정이 많았던 시어머님이 오늘도 그리워진다.

나는 우리 시어머님과의 관계가 참 좋았다. 나는 말하는 것을 너무 좋아해서 시어머님이 오시면 말씀을 많이 나누었다. 어머님을 마주 보며 작년에 들었던 것, 재작년에도 들었던 것을 웃어 가면서 들어드렸다. 그랬더니 우리 시어머니가 "너는 똥도 버릴 것이 없다"고 칭찬을 해주셨다.

우리 며느리들이 알아야 할 비밀이 있다. 그것은 시어머니에게 잘 보이는 방법은 부엌에 가서 요리 잘 해 드리는 것보다 시어머니와 자주 말상대를 해 주는 것을 최고로 좋아한다는 것이다. 한마디로 늙었다고 말상대를 기피하는 것이 아니라 말상대를 해줌으로써 인정받는다고 생각하여 기쁨이 생기기 때문이다.

내가 간혹 노인대학에 가서 우리 시어머니하고 나와의 관계가 좋아진 이야기를 하곤 한다. 나는 우리 시어머니를 몇가지 방법으로 신식 여자로 만들어 드렸다.

"어머님, 이번 주일에는 머리 커트 하러 가세요."

"아! 어머니 커트 머리에는 양장이 어울리겠네요. 양장 한 벌 맞춰 드릴게요."

"이번 달에는 핸드백을 하나 사서 들고 다니세요."

그렇게 한 달 한 달 개조를 시켜 드려서 16세기 할머니를 완전 현대판 신식 어머님으로 변모시켜 드렸다.

"우리 넷째 며느리가 나를 이렇게 신식 여자로 만들었어!"라고 동네를 돌면서 자랑하며 다니셨다.

그리고 나는 우리 어머님한테 어떤 일을 시킬 때도 기분 나쁘지 않게 하려고 말에 신경을 많이 썼다.

"어머님의 된장찌개 맛은 제가 10년을 해도 그 맛을 못내요. 어머님이 끓여 주세요."

어머님의 음식 솜씨를 칭찬하면서 일을 시키는 것은 일도 시키고 마음도 사는 것인데, 그게 다 인간관계를 키우는 나의 방법이었다. 우리 시어머님은 그런 방법을 좋아하셨다.

내가 애기 젖을 물리고 있으면 어머님이 말씀하신다.
"나, 똥 기저귀 빨아 놓았다!"
"어머니, 잘 하셨어요. 고마워요! 어쩌면 그걸 제가 언제 빨까 했는데 어머님이 빨아 놓으셨어요?"
이렇게 인정해 드리니까 시어머님이 나를 그렇게 좋아하셨다.
"나 죽으면 네가 제일 많이 울어 주겠구나."
시어머니가 그런 말씀을 많이 하셨는데 정말로 내가 시어머니 돌아가셨을 때 제일 많이 울었다.
비록 시어머님이 문맹이셨지만 인간미가 퍽 있으셨다.
"네가 정씨 집안에 와서 장원 급제했다. 아들 둘 낳지 않았냐…. 허리춤에 바늘만 꽂고 와도 잘 사는 사람은 잘 산다더라."
시어머님은 더러 이런 말씀을 하시곤 했는데, 그 당시엔 그 말씀이 저를 위로하는 말인지 미처 알지 못했다. 솔직히 나는 예단을 못해 갔고, 겨우 시어머니 한복 두 벌밖엔 가져간 게 없었다. 결혼식마저도 월급 탄 것으로 겨우 했었다. 내가 신부 예단을 하도 못해 가지고 온 것을 두고 그렇게 얘기하셨던 것인데도 내가 워낙 긍정적인 사람이다 보니 그 말을 들었어도 상처를 받지 않았던 것이다.

우리 부부를 도운 카운슬러들

하나님 앞에서의 새로운 비전의 서광은 나에게 삶의 의미를 부여하였다. 그 때부터 읽기 시작했던 하나 하나의 책들은 마치 사막에서 만난 오아시스처럼 나의 마음과 정신에 새로운 장을 열어 주었다. 그리고 지금까지 보이지 않았던 내면세계의 다양성이 눈에 보이기 시작했다. 남편이 대학원을 다니며 읽고 있던 책들을 덩달아 훑어보면서 맞장구를 칠 정도까지 되었다.

  하나님에 대해서 알려고 하는 것 만큼 이제부터는 사람에 대해서 알고 싶어졌다. 인간 이해를 위한 긴 여정에 접어든 것이었다. 예전에 간호사 시절에 읽었던 정신과 간호학 책도 들춰보기 시작했다. 인간들의 마음과 정신세계에 이렇게 흥미와 관심이 쏠릴 줄은 예전엔 미처 몰랐다. 정신병이란 소리만 들어도 신경이 쏠렸다. 동기부여가 되기 때문이었다.

  20년 전만 해도 상담이니 심리학이니 하는 소리를 들을 수 없었다. 서점에도 내적치유니 상담계통의 책들이 별로 없었다. 결혼초엔 주로 영적인 책들을 많이 읽었다. 그러다가 김동길 교수의 책들을 거의 다 읽게 되었고, 안이숙 여사의 책들을 다 읽었다. 지그 지글러의 「정상에서 만납시다」란 책을 읽을 때는 부정적이고 의기소침했던 나에게 큰 도전과 격려가 되었고 긍정적인 사고방식을 갖게 하는 데 동기부여가 된 책이었다.

  또한 팀 라하이의 책들을 읽으면서는 사람들의 기질에 대해서 아주 흥미진진하게 빠졌었다. 남편의 기질과 나의 기질에 있어서도 서로의 차이를 탓하지 않고 있는 그대로 받아들일 수 있게 되었고, 다른 사람의 기질도 이해하면서 갈등이 빚어지지 않았다. 친정식구들에게까지 기질검사를 해주면서 서로의 다른 점을 인정하고 다함께 공존하는 법을 배우게 되어 신기해 하기도 했다.

  나는 점점 심리학적인 내용에 깊은 매력을 느끼며 그 방향의 책들을 읽어 나갔다. 폴 투르니에 박사가 쓴 「삶에는 뜻이 있다」와 「강자와 약자」, 「인간 치유의 심리학」은 정말 미묘한 심리상태를 알 수 있게 해 주었다. 이렇게 독서를 통해서 사람을 이해하는 시각이 생기면서 남편과의 갈등이 서서히 사라지게 되었다.

"여보! 책을 읽다 보니까 이제야 당신을 이해할 수 있을 것 같아요."

그 다음에는 존 포웰의 번역서를 몇 권 읽었다. 「왜 사랑하기를 두려워 하는가」와 「조건 없는 사랑」을 읽으면서는 자기 수용을 알게 되었다. 그 용어만 생각해도 내 자신을 있는 그대로 용납할 수 있었고, 또 내 자신을 사랑하게 되는 계기가 되었다. 나는 이런 저자 순서로 책을 계속 읽었다.

스콧 펙의 「아직도 가야 할 길」이란 책을 읽을 때는 정말 책의 진수를 맛보는 것 같았다. 미국에선 10년째 베스트셀러로 꼽힌 책이다. 이런 책들을 읽으면서 우리 부부는 서로 다른 점을 그대로 수용하면서 공존할 뿐 아니라 부부간에 다른 점을 매력으로까지 생각할 만큼 성숙해지고 있었다. 갈등도 사라지고 상대방을 있는 그대로 용납하게 되니까 상처될 것이 없었다.

이렇듯 우리 부부의 결혼생활의 많은 갈등과 문제점들은 순전히 책을 읽고 내 개인과 부부생활에 적용함으로써 치유가 일어났다. 단순히 책에서 제안하는 내용을 삶에 실천해 보고 대화를 나누며 노력을 하였다.

그 후로는 남편이 번역할 때도 상담계통의 책만 번역하게 되었다. 게리 콜린스의 「훌륭한 상담자」와 「효과적인 상담」을 시작으로 「예수님의 심리학과 정신건강」, 「모험으로 사는 인생」, 「아직도 아물지 않은 마음의 상처」, 「가족치유 마음치유」, 「결혼: 남편과 아내 이렇게 사랑하라」 등을 번역하면서 틈틈이 책을 직접 집필하기도 했다.

「당신의 가정도 치유될 수 있다」와 「어떻게 사람을 변화시킬 수 있는가?」, 「어느 상담심리학자의 고백」, 「행복한 가정생활」 등의 가정생활에 관한 책들이다. 우리는 문제가 있을 때마다 서점에 가서 책을 골라서 저자와 상담하는 기분으로 책을 읽었다.

최근에 나온 「그리스도인은 인간을 어떻게 이해해야 하는가」(김진 지음)라는 책은 그 동안 인간에 대해 막연하게 생각했던 부분들을 저자는 섬세하게 정리를 잘 해 주었다. 수많은 책을 읽으면서 다양하게 배운 것은 나로 하여금 인간을 종합적으로 이해하도록 도와주었다.

나는 한때 우리의 결혼생활도 심각하게 고려한 적이 있었다.

"왜 우리는 정반대의 배경을 가진 사람끼리 만나서 이 고생일까!"

그러나 삶을 통해서, 책을 읽고 느끼면서, 여러 사람을 만나면서, 다양한 강의를 들으면서 그것들을 내 개인에게 적용을 하였다. 나는 그 모든 시도가 결코 헛되지 않고 열매를 맺었다고 확신한다.

골짜기가 깊으면 산은 높게 마련이다. 지금 힘겹게 고통 속에 하루하루를 살아가는 분들께 하고 싶은 말이 있다.

"높은 산은 올라가기가 많이 힘들어요. 그렇지만 일단 다 오르면 보람과 기쁨이 더 없이 크고 감격스러워요."

인내하면서 계속 성숙을 향해 노력하는 과정의 어려움을 잘 극복하기를 부탁드린다.

내 삶의 슬로건과 좌우명들

▶ 인생은 시이소 게임이다

내가 결혼생활 중에 어려운 일을 당해서 바닥까지 내려갔을 때 마음속으로 "다음 번에는 반드시 올라갈 거야"라고 확신했던 말이다. 구원파에서 탈퇴한 후 여러 교회를 다니다가 적응을 못한 남편이 어느 날 나한테 말했다.

"나는 앞으로 죽을 때까지 교회에 다니지 않을 거니까 당신도 교회 나갈 생각하지 말고 교인들에게 차도 한 잔 주지 말어!"

'하나님을 믿는 것 하나 보고 결혼했는데 어쩌면 이런 일이 생길 줄 알았나. 하지만 더 이상 내려갈 일은 없어. 언젠가는 변화가 오겠지!'

나는 속으로 생각하며 기다려 주었다. 그런데 1년 후에 사랑의 교회를 다니게 되었다.

▶ 올려다 보지 말고 내려다 보고 살라!

나의 현재 비참하고 고통스런 상황에서 위를 쳐다보고 비교하면 늘 상처가 되고 열등감에 빠진다. 그래서 나보다 못한 사람을 생각하고 감사제목을 찾으라는 말이다. '남들은 다 행복하게 사는데, 나는 이렇게 일중독에 빠진 남편을 기다리고 살아야 하나!' 라고 생각할 때 '아니야! 나보다 불행하고, 더 아프고, 더 힘든 사모님들이 얼마나 많을텐데 …. 유명한 목사님들 사모님들도 나처럼 외로울 거야.'라며 자위하고, 좁은 아파트에 살 때도 우리보다 더 평수 좁은 데서 사는 사람들 생각하며 마음을 바꾸어 감사로 돌렸다.

▶ 그것이 죽고 살 일(문제)인가?

사소한 문제에 혈압 올리지 말고, 외골수처럼 생각도 하지 말고 매사에 융통성을 가지라는 말이다. 남편이 성격에 장애가 있을 때는 매사에 다 불만과 투정이 많았다.

"이 물건이 왜 여기에 있어? 왜 수건이 젖어 있어? 누가 치약 뚜

껑 안 닫았어? 왜 밥풀을 흘리고 난리야!" 등등 짜증을 낼 때가 많았다. 나는 그 때마다 말했다.

"그 일은 내가 볼 때 별일이 아닌데, 그냥 넘어가면 안돼요? 죽고 살 일은 아니지!"

다른 일도 별 큰 일 아닌 일에 우리는 목숨을 걸고 신경 곤두세울 때가 많았다.

▶ 그럴 수도 있지!

"그럴 수가 있어?"라는 완전주의에서 '가'를 '도'로 바꾸어 생각하라는 말이다.

"그럴 수도 있지!"

친한 친구가 어느 날 이민가게 되었다고 통보해 왔다.

"아니, 그래 내가 의논 대상도 안 되나? 그렇게 중요한 결정을 한 번 알리지도 않고 자기 혼자서 할 수가 있어?"

"수속이 잘 안 될 수도 있으니까, 결정이 된 뒤에 알리다 보니까 그렇게 된 거지요."

"살다보면 그럴 수도 있지."

매사를 너무 내 입장에서만 생각하고 '이렇게 되어야 하는데 왜 저렇게 처리할까?' 라고 안달하면서 속 태울 필요까지는 없다.

▶ 띵똥! 통과!

상대방이 못 알아들을 때는 거기에 계속 신경쓰지 말고 과감히 통과시켜 버림으로 집착을 버리라는 말이다. 차로 운전하면서 여행을 할 때였다.

"여보, 이 두 길 중에 어느 길로 가야 돼?"

황급히 물었다.

나는 내쪽에서 "이쪽으로! 이쪽으로!"를 연발하면 남편은 "이쪽이 어디야? 오른쪽이나 왼쪽이라구 해야지"라고 소리를 고래고래 지르며 흥분한다.

"이쪽이라면 내편이니까 당연히 오른쪽이지."

"어떻게 이쪽이 오른쪽이 될 수 있어?"

무언가 이야기가 잘 안 통하는 것이다. 그러면 나는 입을 다물어 버리면서 'TV에서도 게임을 할 때 상대방이 몸동작을 못 알아들을 때는 통과시키는 것이 상책이더라' 생각하면서 '땡똥! 통과!' 시키는 마음으로 넘겨버린다.

▶ 인생은 그 사람의 해석이다

살면서 어떤 일을 직면할 때, 그 사건을 어떻게 인식하고 해석하느냐에 따라서 곧 그 사람의 인생이 좌우된다는 말이다. 나는 상담을 하면서 너무 지칠 때는 이런 생각이 들 때가 있다.

"내가 왜 사서 이 고생을 할까? 내가 문제 해결사란 말인가?"

그러다가도 바로 생각을 고쳐먹고 "내 걱정이 줄었으니 남의 걱정이라도 해줄 수 있지. 내가 상담 받으러 쫓아 다니는 입장보다는 나은 것 아닌가!"라고 좋게 해석하며 살아간다.

▶ 그것이 인생이다

이해가 안갈 정도로 애처로운 일을 경험할 때 그것을 그대로 수용하라는 말이다. 전화상담은 대체로 성문제 상담이 많다. 근친상간으로 고통당하는 분들의 전화를 받거나 나의 한계 밖의 이야기를 접할 때는 내가 그 문제로 영향을 받지 않고 나의 정신건강을 위해서도 마음을 정리할 때 "그것이 인생이다"라며 수용해 버린다.

▶ 한 가지 흉 없는 사람은 아무도 없다

아무도 완전한 사람은 없으니 너무 똑똑한 척하지 말라는 말이다. 우리 시어머님 주위에 자기 만큼 완전하고 처신 잘 하고, 완벽한 사람이 없다는 듯이 잘난 척하는 사람이 있었다. 그 때마다 시어머님께서 속으로 하셨던 말씀이 '한 가지 흉 없는 사람은 아무도 없는데 너는 잘난 척하는 흉이 있다'고 생각하셨단다.

▶ 자기가 하늘에서 떨어졌나 땅에서 솟아났나?

자식한테 야단맞고 상처받을 때 어머님들이 하시는 말씀이다. 아무리 무능하고 배운 것 없는 부모라도 자식에게는 섬김을 받고 싶은 것이 부모의 마음이다.

"어머니, 어떻게 그렇게 바보 같으실 수 있어요? 참 한심스러워요"라고 했을 때 "네가 아무리 잘 났어도 결국은 내 배 속에서 열 달을 지내다 나온 놈 아니냐?"란 말이다. 자기 혼자 저절로 자라난 자식은 없다고 하는 말이다. 좋은 본을 보였건 나쁜 영향을 주었건 간에 부모는 부모의 권위를 갖고 싶어한다는 의미가 담긴 말이다.

▶ 큰 보자기가 작은 보자기 감쌀 수 있다

인간 이해는 성숙한 사람이 미성숙한 사람을 수용할 수 있다는 말이다. 흔히들 부족한 부모 때문에 상처받는 자식들에게 하는 말이 "네가 아버지를 이해하고 용서해 드려라!"라고 한다. 그러나 인생을 더 많이 살고, 경험을 더 많이 한 사람이 성숙한 어른이라면, 아직 자라고 있고 경험이나 여러 면에서 과정 중에 있는 미성숙한 아이들을 이해하고 받아주어야 한다는 말이다.

▶ 촛불이 먼저 타 올라야 남에게 불을 댕겨 줄 수 있다

빛을 전하려면 먼저 빛을 발해야 한다는 말이다. 꺼진 촛불은 전혀 빛을 댕겨 줄 수가 없다. 먼저 본인이 치유가 되고 건강할 때 남에게 빛의 역할을 할 수 있는 것이다. 내 여동생은 "건강한 이기주의는 남에게 빛이 될 수 있다"고 말했다. 그렇다. 어두움에는 단지 빛이 필요할 뿐이다.

▶ **난로불이 먼저 뜨거워야 남을 덥힐 수 있다**

섬기는 사역자가 먼저 바로 서야 남에게 영향을 줄 수 있다는 말이다.

"자기 집을 잘 다스려 자녀들로 모든 단정함으로 복종케 하는 자라야 할찌며"(사람이 자기 집을 다스릴 줄 알지 못하면 어찌 하나님의 교회를 돌아 보리요)(딤전 3:5).

내 자신이 꺼진 난로인데 어떻게 주위를 따뜻하게 할 수 있겠는가? 난로가 난로의 역할을 하려면 먼저 종이 한 장이라도 속에서 타 올라야 한다. 나를 먼저 잘 관리하고, 자기정체성을 분명히 한 뒤에, 자기 경계선을 지키면서 건강한 가운데 사역하는 것이 바람직하다고 본다.

▶ **샘물이 흘러나와야 남에게 떠줄 수 있다**

내가 정신적으로 건강해야 남에게도 좋은 영향을 줄 수 있다는 말이다. 한 샘물에서 단물과 쓴물이 동시에 나올 수는 없다. 나 자신이 부정적인 사람이면 생각하고 말하는 것이 부정적일 것이다. 내가 건강하고 긍정적인 사람이 되었다면 주위 사람들에게 좋은 본보기가 될 것이다. 따라서 나의 인품과 인격이 저절로 흘러넘쳐서 사역을 하게 되면, 본인도 힘이 안 들고, 주위 사람도 편하게 동역을 할 수 있을 것이다. 내가 생수의 근원과 연결이 되지 못한 상태에서는 메마른 상태의 삶이 될 수밖에 없다.

정리 및 도움말

어렸을 때에 심겨진 것

남편은 일찍이 집안에서 다른 집에 양자로 보낸다는 말에 정서적으로 매우 불안을 느꼈다. 그래서 어려서부터 가정에서 소속감을 느끼질 못했다. 그렇기 때문에 날이면 날마다 집에 손님들을 그만큼 많이 몰고 와서 자신의 소외된 감정을 충족시키려고 했다.

그러나 나는 남편이 왜 그런지에 대한 이유를 모른 채 남편이 나에게 늘 좋은 구실을 붙여서 말하곤 했다. "손 대접하기를 힘쓰라 부지중에 천사를 대접하느니라"라며 손님 접대하는 일에 신경을 많이 쓰도록 세뇌를 당했고, 그 때마다 힘을 쭉 빼게 만들곤 했다. 심지어는 이사 가기 전날에도 한마디 말도 없이 손님을 여섯 쌍이나 초대를 하여 이삿짐을 다시 풀어서 대접을 하게 했다. 나중에 남편이 하나님 사랑을 듬뿍 받고 하나님의 자녀로 소속감이 분명해지고 난 후에야 더 이상 다른 사람들에게 집착하지 않게 되었다.

또 쇼핑중독이 늘 문제였다.

너무 가난하게 자랐기 때문에 부모님이 연필 한 자루 못 사 주고 의식주의 기본 욕구가 채워지질 않았으니 자연히 돈만 보면 얼마나 쓰고 싶었겠는가? 물건이라는 물건을 사고 싶은 만큼 원없이 다 사더니만 한이 풀렸는지 대전으로 이사한 뒤에는 중단을 하였다.

양복도 더 이상 맞추어 입지 않았다. 중학교 시절엔 인민군이 버리고 간 군복을 물들여서 입고 다녔고, 고교시절엔 단벌 교복으로 3년을 입었다. 그러다 보니 늘 교복에 신경을 쓰고, 자기 몸에 제대로 맞는 옷 한 벌 입고 싶은 소원이 양복 맞추어 입는 병으로 나타난 것이었다.

불면증도 자기 문제이건만 커튼을 탓하고, 이불을 탓하더니 하나님을 만나고 난 후부터는 대체로 잠을 잘 자게 되었다. 정서적으로 안정이 됨으로써 불면증이 사라졌던 것이다.

무엇보다도 잔소리 문제가 좋아졌다.

아침부터 밤에 잠잘 때까지 눈에 보이는 대로 잔소리를 했었는데, 계속적으로 칭찬을 해 주었더니 점점 더 좋아지는 것이었다. 잔소리는 나의 칭찬요법으로 근절이 된 것이다. 한 가지 잘한 일을 계속 인정해 주고 칭찬해 주니까 그 인정받고 싶은 욕구가 채워지는 것 같았다. 지금은 집안이 정신없이 어질러져 있어도 일절 잔소리가 없다. 오히려 남편 서재가 어수선하게 되어 있는데도 늘어놓은 채로 마음 편한 사람으로 바뀌었다. 정말 집안에서 잔소리가 없으니까 사는 것 같은 재미를 느낀다.

일반적으로 열등감이 많고 상처가 많은 사람들은 남에 대해 말하거나 남을 흉보는 일에 바쁘다. 남편도 TV에 나오는 사람 비판 잘 하고, 코미디 프로나 슬픈 드라마가 나와도 웃거나 우는 일이 없이 표정이 무표정하고 굳어 있는 경우가 많았다.

그러나 사랑의 교회에서 예수를 구주로 받아들인 후 눈물샘이 터지고 나서는 툭하면 잘 우는 사람이 되었고, 남이 웃을 때 웃으면서 이젠 강의할 때도 유머 감각이 많이 생겨서 많은 사람을 웃기는 사람으로 변화되었다. 정말 내적치유는 좋은 선물이었다. 죽어 있었던 희로애락의 감정이 다시 새롭게 살아난 것이다.

긍정적인 사람은 다 자기 마음이 편하니까 "다 됐어, 오케이, 다 괜찮아!"라고 하면서 살아간다. 그러나 지나친 결벽주의와 완전주의의 사람들은 속사람이 욕구불만으로 인정 받지 못하고 자라난 사람들이 많다. 자라나면서 가족에게서나 다른 사람에게서 격려 받지 못하고, 칭찬 받지 못하고, 자기 자신이 되어 보지 못했던 사람들이 인정에 굶주린 마음속에 몸부림을 치는 것이다. 죄책감과 수치심, 강박증 등이 함께 어우러져서 완전주의와 결벽증으로 나타난다.

남편은 바로 그런 증상이 심했다. 하나님의 무조건적인 사랑과 용납 덕분에 부족함을 받아들이는 사람으로 세계관이 바뀌었다. 함께 사는 내가 너무 편해졌다.

"당신도 당신 자신이 되어서 당신이 하고 싶은 것, 원하는 것을 하면서 살아라."

이렇게 나를 풀어 주었다. 무엇보다도 "암탉이 울면 집안이 망한다"고 하는 유교 사상에서 "당신 자신이 되어서 마음 놓고 당신이 하고 싶은 말 다 하면서 살라"고 언론의 자유가 선포된 후로 나의 심인성 질병들은 몰라보게 치유되어 갔다.

문제를 야기시키던 갈등이 하나 둘 사라지니까 무엇보다 내 자신이 살아나게 되었다. 그 후에 친정어머님이 기뻐서 말씀하셨다.

"네 남편이 상담심리학을 공부하더니 제일 덕 본 사람은 우리 딸이네…."

이렇게 대전에 내려오기 전후로 해서 거의 치유가 되어 더 이상 문제가 되지 않았다. 그러나 일중독이나 분노 문제들은 강도는 약해졌지만, 근본적으로 치유가 완전히 되지는 않았다.

아무튼 일기장을 보면서 남편의 성장 과정의 한 면을 이해하게 되었고, 남편이 직접 자신의 이야기를 해 줌으로써 부부간에도 굉장한 친밀감을 느끼게 해 주었고, 서로의 공감대가 형성될 수 있었다.

이렇듯 서로의 근원가정에서 어떻게 자라났는지를 안다는 것이 얼마나 진단과 치유에 도움이 되는지 모른다. 좀더 일찍 남편의 성장 배경에 대해 알았으면 좋았을 것이라는 아쉬움이 있었다.

무엇보다 인간 이해의 시각이 필요하다

먼저 역기능적 가정배경과 근원가정에 대한 인간 이해를 하면서 변화가 왔다. 또한 남성, 여성의 차이와 기질에 대한 이해는 우리 내외의 갈등에 큰 벽을 허무는 계기가 되었다. 그리고 각 개인의 정신건강 상태와 영적 성숙도를 고려해서 전인적으로 우리를 성찰할 수 있게 되었다.

성인아이가 성숙한 부부로 살아가려면 역기능 가정의 특징에 대해서 잘 알아야 한다.

첫째로, 알코올중독자 아버지를 두었다던가, 화를 잘 내고, 잔소리를 많이 하는 부모나, 종교 중독증에 걸려 있는 가족에게 관심이 집중되어 있게 된다.

둘째로, 정서적으로 문제가 있는 가족 때문에 슬픔이나 외로움, 불쾌감 등을 표현하지 못하고 분노를 위장하게 된다.

셋째로, 갈등이나 부모님의 외도, 도박, 성격장애, 중병 등 명백한 문제에 대해서 무의식적으로 숨기려고 한다.

넷째로, 역기능 가정에선 부모님이 자녀들의 욕구를 채워주지 못하기 때문에 자녀들은 자기도 모르는 사이에 희생이 되거나, 반항한다던가, 대리배우자 역할, 심지어 생활력이 강한 영웅 역할을 감당하기도 한다.

다섯째, 가정에서 느껴야 하는 소속감과 안정감, 칭찬과 인정, 오락과 성취의 기본욕구가 채워지지 않는다. 이것은 후일에 강박증이나 완전주의, 결벽증 등의 심각한 정서적 문제를 야기하는 원인이 된다.

여섯째, 자녀들은 언어폭력과 신체적인 폭력을 비밀로 간직하며, 수치심을 키우고 현실을 부인하고 감정을 부인하는 등 상처를 내면화하면서 외부세계와 단절될 수 있다.

역기능 가정에서 자라면서 외상적 문제를 해결하지 못한 채 생활하는 성인아이들의 증상에는

첫째로 소외감과 두려움, 친밀감의 결여, 이질감을 느끼며 정상이 무엇인지 몰라 혼란을 느끼며 산다.

둘째로, 자기 정죄의식이 많고 비판의식이 많고, 사람의 인정을 추구하느라 지나치게 충성스럽게 처신하거나 때로는 너무 무책임하게 살아간다.

셋째로, 긴장을 잘 하며 여유시간을 잘 못가지며, 늘 심각하며 일의 마무리를 잘 못하는 경향이 있다. 절제력이 부족하거나 폭언을 함부로 사용한다.

넷째로, 사람을 불신하면서 충동적으로 행동하거나 인간관계를 중독적으로 집착해서 관계를 맺게 될 때가 있다.

그 외에 마음에 분노가 쌓여서 즐기지 못하고, 자존감이 낮아서 수치심과 완전주의로 나타난다. 이들의 하나님은 은혜의 하나님이기보다는 율법적이고 권위적이고, 심판관 같거나 검사로 인식하게 되거나 조건적인 하나님으로 왜곡된 하나님을 소유하기가 쉽다.

추천도서

휴 미실다인_〔몸에 밴 어린시절〕. 카톨릭출판사, 1990.
데이빗 씨맨즈_〔상한 감정의 치유〕. 송헌복 역. 두란노서원, 1992.
댄 알렌더_〔내 마음의 치유〕. 윤종석 역. 규장, 2006.
김선남_〔아버지 이야기〕. 중앙적성출판사, 2003.

5
내 생애를 변화시킨 밑거름

정동섭

* 정동섭은 저자의 남편으로, 자신의 어린시절에 받은 상처 때문에 아내를 괴롭히다가 치유받고 회복되어 지금은 침례신학대학 기독교상담학과장으로 상담심리학을 강의하고 있으며, 부부 및 가정을 살리는 가정 사역자로 활동중이다.

네 살 때의 충격적인 사건

나의 아버지와 어머니는 친부모였다. 친부모였기 때문에 나를 얼마나 사랑하였겠는가! 그러나 나는 전혀 사랑받는다는 느낌이 한번도 없었다. 아마 형제간들 중에 중간에 태어나 성장했기 때문에 그렇게 느껴졌는지도 모르겠다.「어느 상담심리학자의 고백」(IVP 발행)이라는 나의 책에서 털어놓았던 것처럼, 10남매 가운데 네 번째 아들로 태어난 나는 출생순서로 인하여 네 살 때 먼 친척 아저씨에게 양자로 입양될 뻔한 위기를 몇 차례나 겪어야 했다.

"양반 집에 아들이 귀하다고 하지만 아들이 세 명이면 되었지, 이제 넷째 아들은 나에게 개평으로 주세요."

친척 아저씨는 장호원의 시골장이 서는 장날마다 우리 집에 나타나 어머니와 아버지를 설득하였다. 처음에는 부모님이 그의 제의를 거절하였으나 결국엔 나를 양자로 주기로 합의를 보았다. 어머니와 아주 기초적인 신뢰감을 형성하기에 바빴던 네 살 때의 나는 용을 쓰고 목을 놓아 울면서 엄마에게 달라붙었다. 결국 나는 양자로 보내지지 않고 부모님 밑에서 형제자매들과 함께 살 수 있었다.

그러나 양자로 팔려갈 뻔한 네 살 때의 사건은 어린아이였지만 나에게 큰 충격으로 남아 어른이 되어서까지 오랜 세월 동안 나의 인생 여정에 악영향을 미쳤다.

불안과 두려움에 휩싸인 나는 여섯 살이 될 때까지 엄마 젖을 놓지 못하는 아이가 되었다. 매사에 자신감을 잃어버린 나는 물건을 옆집에 갖다 주라는 작은 심부름도 할 줄 모르는 숫기 없는 아이가 되었다. 명랑하던 나는 말이 없는 자폐아가 되어 버렸고, 정서적으로 불안정해서인지 그 증상이 야뇨증으로 나타났다. 쳇바퀴를 뒤집어쓰고 이웃 집에 가서 물벼락을 받곤 했던 기억이 지금도 생생하다. 나는 초등학교 5학년, 12살이 되어서야 야뇨증을 고칠 수 있었다.

내 생애의 중요한 전기

어린 시절에 경험했던 쓰라린 아픔은 나의 인지 능력에도 타격을 입혔다.

초등학교 4학년을 마치고 우리 식구는 음성군 감곡면 월정리(못터)를 떠나 충주 가까이에 있는 주덕으로 이사를 하게 되었다. 이사 오기 전에는 20리 길을 매일 걸어서 학교를 다녀야 했는데, 새로 이사온 동네에서는 초등학교가 바로 집에서 100미터 거리에 있었다.

이것은 나의 생애에 중요한 전기가 되었다. 5학년 첫 번째 수업시간이었다. 새로 전학 온 나에게 책을 읽도록 시켰는데 나는 떠듬거리다 선생님한테 꾸지람을 듣고 반친구들 앞에서 망신을 당하였다. 4학년까지 한글을 깨우치기는 했으나 글자 하나 하나를 연결시켜 읽을 줄은 몰랐다.

이것이 계기가 되어 나는 책을 가까이 하기로 마음에 굳게 결심했다. 책을 읽지 못하면 새로운 환경에서 살아 남을 수 없다고 생각한 나는 학교에서 돌아오기만 하면 책을 읽는 연습을 했다. 그렇게 하는 과정에서 공부하는 습관이 몸에 배게 되었다.

독서하는 속도는 느렸지만, 문맹이신 우리 어머니가 표현했던 것처럼 "끈이 있게" 꾸준히 학업에 전념하였다. 어머니는 공부하는 자식이 대견했던지 우물가 아낙네들이 모이면 자랑을 하셨다.

"우리 동섭이는 이리로 전학 온 후에는 학교에서 돌아오는 대로 저녁 먹는 것도 잊어버리고 공부만 하네요."

지금껏 칭찬에 굶주렸던 나는 어머니가 칭찬해 주는 것이 너무 신나서 더욱 공부에 열심을 냈다. 그 결과 나는 주덕중학교를 수석으로 졸업하는 영예를 안았다. 공부에 재미를 붙인 나는 그 때부터 지금까지 책을 손에서 멀리한 적이 없다.

나는 그 후 고등학교와 대학교를 서울에서 다녔다. 군에서 장교로 제대한 형님이 서울에 정착하셨지만 사업에 실패하여 우리는 초근목피 하는 신세가 되었다. 배우고 싶은 열망으로 가득찼던 나는 시골로 내려가지 않고 형님 집에 기거하며 학교 공부에 매달렸다. 홍제동에서 혜화동까지 걸어서 고등학교를 다녔고, 학교 다니면서 2년간이나 점심을 굶었지만 책은 언제나 내 손을 떠나지 않았다.

출발부터 순탄치 않은 결혼생활

나는 내가 왜 이렇게 책을 가까이 했는지를 자체 분석해 보았다. 그것은 무엇보다 좋은 성적을 얻기 위해 책을 읽었던 것이다. 그렇지만 그렇게 하는 가운데 책은 나에게 좋은 벗이 되어 주었다. 책을 마음대로 사서 볼 수 없었던 나는 고등학교 도서부원으로 활동하면서 사랑과 행복을 거론하는 수필집과 고전, 그리고 소설을 마음껏 읽을 수 있었다.

대학을 다닐 때에는 늘 사랑과 행복을 주제로 한 책을 골라서 읽었던 기억이 있다. 그것이 내 관심사였기 때문이다. 가정에서 소외감을 느끼며 자란 나에게 독서만이 내 외로움을 달래주는 좋은 수단이 되었다. 가장 가깝다는 가족도 나에게 이런저런 상처를 안겨 주었지만, 책은 나에게 상처도 주지 않고 오히려 안전한 도피처가 되어 주었다.

풀러신학대학교의 잭 볼스웍(Jack Balswick) 교수는 그의 책 「크리스천 가정」(두란노 역간)에서 권위주의적이거나 방임적인 부모 밑에서 자라난 청소년이 이단이나 사교집단에 미혹된다고 분석한 적이 있다. 나는 열심히 공부해서 좋은 성적을 올렸지만, 왜 힘든 공부를 계속 해야 하는지 그 이유는 알 수 없었다. 삶의 의미와 목적을 찾아 방황하던 나는 구원파, 몰몬교, 지방교회, 형제교회를 전전하면서 마음의 평안과 확신을 찾으려고 몸부림쳤다.

영어를 좋아했던 나는 군복무를 마치고 영국 대사관과 미국 대사관에서 대사통역을 하는 직장생활을 했기 때문에 사회적 지위가 보장되고 돈도 상당히 벌었다. 그렇지만 극한 가난으로 인해 중고등학교 시절에 굶고 학교를 다녀야 했던 아픔과, 어렸을 적에 입지 못하고 자라난 배경이 무절제한 생활습관으로 이어져서 나의 결혼생활은 출발부터 순탄치 않았다.

나는 아내를 너무 사랑하여 2년간을 연애한 끝에 결혼식을 올렸다.

그러나 나는 남편으로서 아내를 어떻게 대해야 하고, 어떻게 사랑해야 하는지는 전혀 알지 못했다. 아름다운 부부애의 좋은 본을 본 것이 한 번도 없었을 뿐 아니라, 여자가 바라고 원하는 것이 무엇인지에 대해서도 전혀 아는 바가 없었다.

베드로 사도는 "지식을 따라 아내와 동거하라"고 서신서에서 권면했는데, 나는 "무식을 따라" 아내와 동거하고 있었다. 나는 아내를 사랑한다고 말은 했지만, 아내는 나에게서 사랑 받는다는 느낌을 가져 본 적이 한 번도 없었다고 했다. 나는 아내를 좋아했으나, 사랑에는 지식과 의지적인 노력이 따른다는 것을 알지 못했던 것이다.

삶의 방향을 제시해 준 책

나의 직장은 안정되어 있었다. 그러나 마음에 평화가 없는 나에게 삶은 갈등과 번민의 연속이었다. 다만 내가 사랑하는 여자와 함께 생활한다는 사실만으로 위안을 삼았다. 따라서 우리 부부의 관계는 미숙하기가 이를 데 없었다. 내가 8년이나 젊은 시절을 헌신하고 바쳤던 구원파의 영향으로 툭하면 "구원의 확신"을 입버릇처럼 말하였음에도 이것은 영적인 공허감을 메꿔보려는 발버둥이었을 뿐 나의 마음에는 평안도 확신도 없었다. 나는 늘 마음이 불안했고, 우울한 신경증 환자였으며, 열등감과 분노로 가득찬 성격장애자였다.

나는 구원파에서 생활할 당시 군복무 중에 워치만 니(Watchman Nee)의 대표작 「영에 속한 사람」(전3권)을 번역한 적이 있었다. 구원파의 최고지도자 중의 한 사람인 고 권신찬씨는 워치만 니의 책 「정상적인 그리스도인의 생활」을 「영에 속한 사람」과 함께 제2의 성경이라고까지 격찬하기도 했다. 이들의 이원론적 인간관에 영향을 받은 나는 자연히 사람을 "영적이냐 혼적(심리적)이냐"로 판단하는 성향이 많았다. 사람을 대할 때 항상 이 사람은 구원을 받았을까 못 받았을까, 이 사람은 영적인가, 육신적인가를 판단하는 교만한 재판관 입장이 되었다.

이처럼 이원론적 인간 이해에 치우쳐 있던 나는 1977년 구원파를 탈출하면서 직장을 영국 대사관에서 미국 대사관으로 옮겼다. 책을 좋아하던 나는 대사관 홍보전문위원의 직책을 갖고 미국문화원 도서실을 자유롭게 이용할 수 있었다.

그 때 나는 심리학과 사회학에 관한 책을 탐독하기 시작했다. 영적 지식과 깨달음만을 추구하던 구원파에서의 경험에 대한 반작용으로 나의 마음의 시계추는 심리학적인 인간 이해로 옮겨가고 있었다.

팀 라하이(Tim Lahaye) 목사의 네 가지 기질론에 심취한 나는 히포크라테스의 기질이론으로 사람의 성격을 설명하려는 시도가 만병통치약이나 되는 것처럼 착각할 정도로 편협한 심리적 성격이론에 몰두하고 있었다. 결국 나는 자신과 다른 사람의 문제를 해결하는데 "영적인 방법을 따를 것인가? 심리적인 방법을 따를 것인가?"의 철학적인 문제와 씨름하고 있었던 것이다.

이 때 내게 삶의 방향을 제시해 준 한 권의 책이 있었다. 미국인 친구 웨슬리 웬트워스(Wesley Wentworth)가 전해 준「심리적 방법이냐 영적 방법이냐」(Psychological Way or Spiritual Way)라는 제목의 책이었다. 교육학과 심리학을 전공한 저자 밥건(Bobgan) 부부는 이 책에서 세속적인 심리학은 인간의 문제와 현상을 진단하고 설명할 수는 있어도 해결책을 제시할 수 없다는 것을 설득력 있게 제시한 후에, 오직 하나님의 말씀만이 인간문제에 대한 영속적인 해답이 될 수 있다는 것을 주장하였다. 한마디로 심리학은 진단만 할 뿐 심리학이 인간문제에 해답이 될 수 없다는 주장이었다.

철학적이고 신학적인 문제 앞에서 혼돈되어 있는 나에게 이 책은 해답이 성경에 있다는 진리를 다시 한 번 상기시켜 주었다. 구원파를 탈출해 몰몬교, 지방교회, 형제교회 등 이 이단 저 이단을 전전하며 방황하다가 1년 가까이 교회출석을 중단하고 있을 때였다. 미국인 선교사가 전해 준 이 한 권의 책이 나의 마음의 등대 역할을 했다고 할 수 있다. 그리고 이 책은 나에게 성경적인 교회를 찾아 신앙생활을 새롭게 시작하도록 동기를 부여해 주었다.

기차 화장실에서 드린 아름다운 기도

결국 나는 사랑의 교회(옥한흠 목사 시무)를 소개받게 되었고, 교회의 첫 번째 수련회에 참석하여 예수님을 만나게 되었다. 성령님은 옥 목사님의 강해설교를 통해 내가 마땅히 사랑해야 할 가장 가까운 이웃인 아내에게 무례히 행한 죄를 책망하셨다. 나는 처음으로 내가 거룩하고 의로우신 하나님 앞에 처벌받아 마땅한 죄인이라는 것을 깨닫게 되었다. 나는 하나님 앞에 회개하였고 예수님은 나의 죄를 용서하셨다. 나는 눈물로 회개하고 그리스도 안에서 새사람이 되었다(고후 5:17). 교만하던 인격이 온유하고 겸손한 인격으로 바뀌었다. 새롭게 발견한 사랑과 자유와 진리가 나를 흥분시키기에 충분하였다.

이단에서 돌아와 새사람으로 변화된 나에게 미국인 친구 웬트워스(Wentworth)는 새 신앙도서를 계속해서 공급해 주었다. 당시 나의 주임무는 미국대사의 연설이나 미국의 저명한 학자들의 특강을 상공인들 앞이나 서울이나 부산, 또는 광주에 있는 미국문화원에서 통역하는 일이었다.

한 번은 부산을 거쳐 광주에 오는 미국인 정치학자를 광주에서 만나 그의 특강을 통역하는 일이 있어 광주에 있는 미국문화원으로 출장을 가게 되었다. 광주로 가는 기차 안에서 혼자 읽었던 제임스 돕슨(James Dobson)의 책 「남편과 아버지로서의 남성」(Straight Talk to Men and Their Wives, 남성들과 아내들에게 터놓고 하는 말이라는 제목의 책으로 보이스사에서 출간)은 내가 가장 감동스럽게 읽은 책 중의 하나로 남아 있다.

제임스 돕슨 주니어(James Dobson Jr.)는 미국의 무너져가는 결혼과 가정을 회복시키는 일에 앞장서고 있는 크리스천 심리학자로 이 책에서 자신의 아버지가 어떠한 분이셨는가를 소상히 실감나게 소개하고 있다. 일찍이 타임지에서는 그를 "그 아버지의 아들"로 소개한 적이 있었다. 시골교회 목회자였던 제임스 돕슨 시니어(James Dobson Sr.) 목사가 남편으로서, 아버지로서, 강아지 주인으로서, 그리고 목사로서 어떤 모범을 보이셨는가를 구체적으로 아들의 입장에서 쓰고 있다. 아버지가 저자 자신과 누렸던 친밀한 관계에 대한 내용을 읽으면서 나는 한없이 흐르는 눈물을 주체할 수가 없었다. 아버지 하나님의 사랑이 이 땅에서도 이처럼 아름답게 재현될 수 있다는 사실이 감동스러웠고, 나는 그토록 육신의 아버지에게서 이러한 축복과 사랑을 받고 싶었는데 나는 이와 같은 사랑을 받지 못하고 살았구나 생각하니 서글퍼서 울었다.

"하나님의 사랑이 내 마음에 부은 바 되었다"는 말이 적절할 것이다. 마침 광주행 기차가 한산하기도 했지만 나는 다른 사람을 별로 의식하지 않고 눈물 콧물이 범벅이 된 가운데 울면서 계속 책을 읽었다.

마치 제임스 돕슨 부자와 대화하면서 기차여행을 서너 시간 함께 한 것이나 다름없었다. 나는 북받쳐오르는 감동을 주체할 수 없었다. 그래서 화장실로 들어가 하나님 아버지 면전에서 흐느껴 울면서 기도했다:

"하나님! 저도 우리 두 아들에게 제임스 돕슨 아버지와 비슷한 흥내라도 낼 수 있는 아버지가 되고 싶습니다. 아버지, 저를 도와주세요!"

기차 화장실에서 드렸던 아름다운 그 기도를 지금도 나는 기억하고 있다.

남은 생애를 어떻게 살 것인가

예수님을 만난 후, 번역이나 통역을 통해 다른 사람들의 생각을 옮기는 직업이 조금씩 지겹게 느껴졌다.

"내가 계속해서 통역관 생활을 하기에는 나의 삶이 너무 아까워."

1980년말 내가 주님을 만난 지 4개월이 되었을 때의 일이다. 세계적인 상담학자 게리 콜린스 박사가 처음으로 내한하여 목회상담 세미나를 인도하게 되었다. 그런데 통역자로 내정되어 있던 이동원 목사님이 과로로 탈진해 쓰러지면서 내가 대타 통역요원으로 봉사하게 되었다. 대사관에서의 공적인 업무의 통역과는 달리 나는 처음으로 나에게 개인적으로 도움이 되는 메시지를 통역하게 되었다. 두 주 동안의 메시지 하나 하나가 모두 나에게 적용되었다. 그 동안 지금까지 억압되었던 아픔이 눈물로 정화되어 쏟아져 내렸다.

'주님! 저의 남은 생애를 주님의 사랑과 은혜를 다른 이웃과 나누는 상담사역에 바치겠습니다.'

나는 마음에 작정하였다. 구체적으로 어떻게 해야 할지를 몰라 망설이고 있던 그 때 본 책이 바로 폴 투르니에(Paul Tournier)의 「모험으로 산 인생」(Adventure of Living, IVP역간)이라는 책이었다.

저자는 이 책에서 인간의 안정본능과 모험본능을 대조시키면서 일과 노동의 의미, 아마추어정신과 프로정신, 독신과 결혼의 의미, 성공과 실패의 의미 등 인생의 주요 주제들을 의학과 신학과 심리학의 통합적 관점에서 예리하게 다루고 있다. 실패와 오류로 점철된 과거로 인해 갈등하던 나에게, 하나님의 목적 아래서 범했던 실수는 더 이상 실패가 아니라는 그의 통찰이 하나님의 섭리의 관점에서 내 삶을 재조명할 수 있게 해주었다. "인생은 하나님이 지휘하시는 모험"이라는 그의 명언은 선한 목자되시고 내 영혼의 아버지가 되시는 하나님께서 친히 나의 앞길을 인도해 주신다는 확신을 주었다.

드디어 나는 미국 대사관이라는 안정된 직장을 그만두고 전혀 새로운 모험의 길에 들어서는 행동을 믿음으로 행하게 되었다. 그 책이 아니었다면 나는 40이 다 된 나이에 침례신학대학원을 거쳐 미국 유학길에 오르지 못했을 것이다.

앞에서 말한 것처럼, 나는 2년간의 연애기간을 거쳐 아내와 결혼하였다. 미국의 최고 결혼 전문가인 노먼 라이트 박사가 언젠가 이렇게 안타까이 말한 적이 있었다.

"사람들은 결혼을 위한 준비를 하기 보다는 운전면허를 취득하기 위한 준비에 더 많은 시간과 정력을 소비하고 있어요."

결혼교육의 선구자 데이비드 메이스도 비슷하게 지적한 적이 있었다.

"사람들은 일생동안 계속되는 결혼을 위해 준비하기 보다는 한 시간 안에 금방 끝나는 결혼식을 위해 더 많은 시간과 돈을 투자합니다."

유교문화 속에서 남존여비사상에 물든 채 성장한 나는 하나님께서 짝을 맺어준 아내를 어떻게 대하고, 어떻게 사랑해야 하는지를 알지 못했다. 아내와 생활하는데 필요한 지식이나 기술이 없이 결혼을 한 것이었다.

나는 돌아가신 아버지가 우리 어머니에게 대했던 태도를 그대로 본받은 것 같았다. 그래서 나도 아내를 무시하고 말로 학대하였다. 나의 성장환경은 여자를 무시하도록 만들어져서 내 뜻대로 안되면 나는 함부로 아내에게 화를 냈고 무례히 행했다. 명령하고 지시하는 일방적인 부부관계가 계속됐다. 그러는 가운데 아내는 속으로 자꾸만 병들어가고 있었다. 나는 세상에서 가장 소중한 아내와의 관계에서 그렇게 실패하고 있었다.

이 때쯤에 감명 깊게 읽은 책이 폴 투르니에의 「여성, 그대의 사명」(The Gift of Feeling)이라는 책이었다. 나중에 이 책도 IVP에서 역간되었다. 이 책을 읽으면서 나의 여성관에 일대 변혁이 일어났다. 아내는 하나님의 형상대로 지음 받은 고귀한 인격이며, 나에게 없는 "인격감각"을 지니고 있는 나의 동반자라는 사실에 눈을 뜨게 되었다. 나는 아내를 향해 귀를 기울이는 남성이 되었고, 모든 생각과 감정과 소원을 함께 나눌 수 있는 진정한 의미의 말동무가 되었다. 명령적이었고 일방적이었던 아내와의 관계가 상호 동반자적인 관계로 발전하였다.

강한 척했던 내 자신이 깨지다

우리의 부부관계에 결정적 영향을 미친 또 한 권의 책은 투르니에의 「강자와 약자」(The Strong and the Weak)라는 책이다. 내가 뒤늦게 번역하여 2000년초에 IVP를 통해 출간하게 되었다. 우리는 가정생활과 사회생활을 포함하여 대인관계에서 다른 사람들을 강한 사람과 약한 사람으로 구분하는 성향이 있다. 모든 사람은 다 두려워한다. 우리는 다른 사람, 자기 자신, 그리고 하나님까지 두려워한다. 두려움에 직면할 때 사람은 서로 다른 반응을 나타내는데, 어떤 사람은 '강한 반응'을, 또 어떤 사람은 '약한 반응'을 보이게 된다. 강자와 약자 모두가 두려움을 느끼지만, 단지 서로 다른 반응을 보일 뿐이라는 것이다. 우리는 일상생활에서 강한 반응과 약한 반응이 혼합된 모습을 많이 보인다.

나는 이 책을 읽으면서 느꼈던 것은, 아내와의 관계에서 나는 거의 항상 공격적이고 비판적이며 위압적인 행동을 함으로 강한 반응을 보였고, 아내는 나의 강한 반응에 소극적이고 불안해 하며 우울증과 심장질환으로 약한 반응을 보이고 있다는 것을 발견하게 되었다. 부부갈등이 생길 때 나는 화를 내고 언성을 높임으로 짐짓 강한 척하였으나, 사실은 내가 오히려 연약하다는 것이 드러나고 있음을 알게 되었다. 나는 베드로 사도가 "아내를 더 연약한 그릇으로 알아 귀히 여기라"고 한 말씀의 의미를 새로이 깨닫게 되었다.

나는 아내에게 무릎을 꿇고 용서를 빌었다. 더 이상 강한 척 할 필요가 없었다. 남자는 연약하고 여자는 더 연약하다는 말씀은 남녀관계의 본질을 지적한 진리이다. 나는 이 책을 서초동 사랑의 교회를 다니다가 대전 침신대 대학원을 다닐 때 읽었다. 대전으로 이사하기 전,

▲ 무례히 행하고 신경질부렸던 남편이 이제 멋진 남편으로 변화되어 많은 가정을 살리고 있다.

처음 몇 달 동안 나는 고속버스로 대전까지 통학을 했는데, 버스 속에서 하나님의 임재를 경험하며 새로운 진리를 터득한 기쁨의 순간들이 지금도 기억에 생생하다.

희망이 보이다

사람마다 연약한 부분들이 있다. 나는 다른 사람이 나를 무시했다고 느끼거나 기대와 욕구의 좌절로 상처를 받게 되면 쉽게 분노를 느낀다. 분노의 표현이 폭발적일 때가 많다. 아내나 두 아들에게 잘 하다가도 사소한 어떤 문제로 좌절감을 느낄 때면 순간적으로 분노가 폭발했다.

지금까지 나의 생애는 "분노와의 싸움"이라고 해도 과언이 아닐 것이다. 그래서 나는 미국 유학시 트리니티신학대학에서도 "결혼한 부부 사이의 분노"라는 주제로 논문을 썼고, 지금도 분노처리와 갈등해소에 대한 연구를 계속 하고 있다. 이런 면에서 나에게 특별히 도움을 주었던 책이 데이비드 메이스(David Mace)의 「부부사이의 사랑과 분노」(Love and Anger in Marriage, 진흥 역간)라는 책과 찰스 셀(Charles Sell)의 「아직도 아물지 않은 마음의 상처」(Unfinished Business)라는 두 권의 책이다.

앞의 책을 통해서 나는 분노가 나쁜 감정이 아니라 하나님이 주신 감정이며, 무엇인가 잘못되었다는 것을 알리는 신호이며, 대화와 타협을 통해 잘 처리하기만 하면 인간관계를 더 친밀하게 만들어 주는 원자재가 된다는 것을 배웠다.

가정사역의 선구자 메이스의 책은 분노를 부정적으로만 바라보던 나의 태도에 큰 변화를 가져다 주었다. 분노 자체가 죄가 아니라 내가 분을 어떻게 처리하느냐에 따라서 죄가 될 수도 있지만 건설적 변화가 일어날 수도 있다는 것, 그리고 화를 내는 동기에 따라서 의로운 분노를 표출하는 것이 필요할 때도 있다는 것을 배웠다. 이것은 후에 가정을 파괴하는 이단의 무리와 맞서 싸우는 데 큰 도움이 되었고, 1995년 아놀드 피터슨 목사의 증언록 「5·18 광주사태」를 번역하는 데 결정적인 동기를 부여해 주었다.

찰스 셀 교수는 내가 트리니티신학교에서 유학할 당시에 박사과정 지도교수였는데, 나는 그의 "알코올중독과 가정"이라는 과목을 수강한 적이 있었다. 그는 자신이 알코올중독 아버지 밑에서 힘들게 성장한 성인아이라는 사실을 고백함으로 강의를 시작하였다. 성인아이는 아버지가 도박중독이든, 일중독이든, 섭식중독이든, 종교중독이든지에 상관없이 수치심, 분노, 우울감 등 정서적 문제와 씨름을 하고, 정상적인 것이 무엇인지를 알지 못하여서 사회생활에 어려움을 겪는다는 강의 내용은 나 자신에 대하여 새롭게 눈을 뜨게 하는 계기를 마련해 주었다.

그의 책과 강의를 통해서 나의 낮은 자존감 및 분노폭발의 문제가 나의 악한 인간성에 관련된 문제가 아니고, 역기능 가정에서 성장하는 과정에서 받은 상처가 원인이라는 새로운 사실을 깨닫게 되었다. 이것은 나의 낮은 자존감이나 우울감, 그리고 분노폭발이라는 고질적 문제를 해결하는 실마리가 되었다.

셀 교수는 자신의 책이 영어로 출간되기 전에 영어 원본 책을 나에게 건네주었다. 내가 종로에서 뺨맞고 한강에서 눈흘기는 식의 반응을 하고 있다는 것을 알게 되면서 나는 분노의 쓴뿌리로부터 자유하게 되었다. 이렇게 역기능 가정과 성인아이의 특징을 알게 됨으로써 사람들을 이해하는 생각의 틀이 훨씬 넓어졌다.

1989년, 4년 동안의 유학을 마치고 귀국하자마자 제일 먼저 번역하여 소개한 책이 바로 이 책이었다. 책의 원서 제목(Unfinished Business)을 직역하면 "미완성 과업"이 되는데, 책의 내용을 이해한 아내가 "아직도 아물지 않은 마음의 상처"(두란노 역간)라는 제목을 지어주었다.

위기를 성장과 성숙의 기회로!

이상과 같은 책을 통해 나는 내 자신과 아내를 새롭게 이해하게 되었고, 지식과 기술을 따라 서로 사랑하는 법을 터득하게 되었다. 드디어 결혼 26년째가 되는 2000년에 들어서서 우리는 명령하고 순종하는 주종관계로서의 부부관계에서 완전히 탈바꿈하여 "그리스도를 경외함으로 피차 복종하라"(엡 5:21)는 명령을 일상적인 삶속에서 실천하는 동반자 부부가 되었다.

하나님의 명령과 규례를 따라 생활할 때(신 10:13), 우리는 친밀한 관계를 누릴 수 있다는 것을 경험을 통해 확인하고 있다. 우리가 오늘날과 같이 행복한 부부관계를 누릴 수 있게 된 배후에는 폴 투르니에, 데이비드 메이스, 밥건, 잭 볼스윅, 제임스 돕슨, 게리 콜린스, 찰스 셀 등 무수히 많은 분들의 조언이 있었다. 어떤 사람들은 직접 만났고, 또 어떤 사람들은 책을 통해서만 만났다. 하나님은 내가 발전적인 위기를 넘길 때마다 적절한 책을 통해서 갈 길을 제시해 주고 인도해 주셨다.

▲ 독서캠프를 마치고 포즈를 취한 저자부부.

우리 부부는 연애할 때부터 결혼하여 두 아들을 키우는 과정을 거치면서 여러 차례의 위기를 겪었다. 그 때마다 하나님께서는 좋은 사람과 좋은 책을 만나게 하셔서 위기를 성장과 성숙의 기회로 삼을 수 있게 도와주셨다.

흔히 사람은 자신이 경험한 것만큼 다른 사람을 이해한다고 한다. 관계란 언제나 더 좋아질 수 있는 것이다. 우리가 사람을 사랑하는 데는 지식과 기술이 필요하다. 책을 읽으므로 말미암아 우리는 자라고 성숙할 수 있다. 이것은 우리 부부가 경험을 통해서 터득한 진리이다.

그래서 우리 부부는 오늘도 좋은 책을 보급하는 운동, 사람들에게 좋은 책을 읽을 수 있는 기회를 제공하는 독서상담 운동을 펼치고 있다.

정리 및 도움말

성인아이이기 때문에 남편이 얻은 유익들

　역기능 가정에서 자라난 성인아이는 낮은 자존감의 증상이 여러 모로 나타나게 되어 있다. 내면세계가 파괴되어 쓴뿌리가 나타나기도 하며, 움츠러 들거나 반항하거나 자기 자신을 방치하거나 보상하려고 한다.

　남편의 경우도 낮은 자존감의 문제가 많이 나타나서 위에 열거한 증상이 나타나기도 했다. 그렇지만 한 가지 좋은 점이 나타난 것은 강한 학구열이었다. 남편은 열등감을 보상할 목적으로 공부를 아주 열심히 하였다. 심지어 등록금을 못내어 정학처분을 받았는데도 불구하고, 도둑처럼 몰래 교실에 들어가 공부를 하였을 정도로 성의를 다했다. 학교에서는 등록금을 못내는 학생(남편)을 배려해서 장학금 제도를 개설하였다. 결국 남편은 전학년에서 늘 1등을 하며 고등학교를 수석으로 졸업하였다. 대학에서도 영어 특기생으로 4년을 마칠 수 있었다. 마지막 석사, 박사학위과정에서도 대상을 받으며 졸업하는 영광을 누렸다.

　성인아이들이 자기가 하기로 마음 먹은 일을 잘 해서 성공한 예는 얼마든지 많다. 심리적으로는 갖가지 문제를 가지고 살아가는데도 자기 분야에서 탁월한 성과를 이루는 경우는 세계 역사를 바꾸어 놓은 정치가나 개혁가, 목사나 선교사 중에도 많고, 공부를 잘 해서 심지어 교단에 선 선생님들 가운데도 많이 있다. 자기가 역기능 가정 출신인 것을 한탄하고 좌절하기 보다는 그 어려움 속에서도 의지를 갖고 결단하여, 악순환을 선순환으로 바꾸는 노력이 요구된다. 성령님의 도우심으로 가계를 통해서 계속 반복되는 악영향을 대적할 수 있다고 본다.

성인아이를 치유하기 위해서는 다음의 제안들을 받아들이면 도움이 될 것이다.
먼저 자신에게 나타나는 성인아이의 모습을 인정하라. 자신을 방치하고 내버려 둔 부모와 상처를 준 사람들에 대한 원망의 마음을 거두고 용서해야 한다. 가슴 아픈 과거를 자기 가슴에 묻어두지 말고 그것에 당당히 직면하여 당신 자신의 이야기를 해야 한다. 자신의 모습을 있는 그대로 용납하고 인정하면서 자신을 용서해야 한다. 이제부터는 내가 내 인생의 문제를 책임지고 대처해야 한다는 것을 인식해야겠다. 그리하여 성인아이의 모습을 버리고 건강한 행동을 삶에 통합시키면서 하나님 안에서 자라가야 한다.

내적치유가 필요한 증상에는 상처나 거절을 경험하고, 낮은 자존감으로 수치심이 있고, 불안과 두려움에 시달리는 경우이다. 그래서 분노와 쓴뿌리를 갖고 있거나 분노나 증오심을 쓴뿌리로 간직하고 있는 경우이다.
치유의 과정은 이러한 정서적 아픔을 직면하고 고통의 의미를 재해석할 수 있는 인간 이해가 필요할 때 비로소 용서하고 분노를 해소할 수 있게 된다.
내적치유의 문은 먼저 자기 자신을 찾아가는 것이다. 자기정체성을 확립하고, 자신의 입장을 받아들이고, 하나님의 형상으로 경계선을 설정하는 것이다.

하나님을 인격적으로 알아갈 때 수용의 문제, 격려, 인정, 칭찬, 조정을 할 수 있는 사람이 될 수 있게 된다.

새로운 세계관 정립과 긍정적 사고방식을 정립해서 생각과 가치관, 신념, 감정, 진리가 정립되어야 한다.

하나님의 시각으로 인간을 이해하고, 가해자를 하나님께 맡길 수 있어야 한다.

궁극적으로 성령의 열매로 인격이 성숙되어지도록 영성을 개발하여 온유와 겸손의 본을 보이신 예수님을 닮아가야 한다.

남편의 변화를 간단히 요약하면 다음과 같다.

첫째, 영적인 접근방법이다. 나에게 함부로 대했던 태도는 그것이 하나님 앞에서 죄가 된다는 사실을 깨닫고 회개하면서 서서히 바뀌었다.

둘째, 심리역동적인 접근방법이다. 꾸준히 책을 읽고 상담심리학을 공부하면서 치유되었다. 자신의 내적인 문제를 병으로 인식하고 나서 내적치유가 일어났다.

셋째, 관계적인 접근방법이다. 외로움과 사랑의 결핍을 대인관계, 즉 나와 몇 명의 격려자를 통해 자존감이 살아나면서 갈등이 서서히 줄어들게 되었다. 이 모든 접근과 본인의 끈질긴 노력과 의지적인 결단을 통해서 전인치유가 일어난 것이다.

본인의 내적인 마음 상태가 정리가 되고 나니까 같이 사는 나를 편하게 해주고, 나 자신이 되게 해 주고, 오히려 격려자가 되어 나로 하여금 은사를 발휘할 수 있도록 배려해 주는 멋진 남편이 되어 주었다. 무엇보다 두 눈을 마주보고, 나의 꾸밈없는 감정을 이야기해도 통할 수 있는 참된 대화 상대가 되어 준 사실이 너무 감사했다.

'멋진 남편을 만든 아내'는 '멋진 남편이 만들어준 작품'이라고 말하고 싶다. 이 땅의 많은 사람들이 서로 만나서 서로에게 영향을 주며 살게 된다. 다른 한 사람이 나 한 사람으로 인해 이 세상이 따뜻하게 느껴질 수 있다면, 나는 이 세상을 살다간 보람이 있을 것이다. 저 세상에서 이 세상살이를 돌아볼 때, 과연 나는 한 사람을 진정으로 사랑하였다고 말할 수 있을까?

노벨 평화상을 수상한 마더 테레사의 시에 이런 것이 있다.

한 번에 한 사람

난 결코 대중을 구원하려고 하지 않는다.
난 다만 한 개인을 바라볼 뿐이다.
한 번에 단지 한 사람만을 사랑할 수 있다.
한 번에 단지 한 사람만을 껴안을 수 있다.
단지 한 사람, 한 사람, 한 사람씩만 ….

따라서 당신도 시작하고
나도 시작하는 것이다.
난 한 사람을 붙잡는다.
만일 내가 그 사람을 붙잡지 않았다면
난 4만 2천명을 붙잡지 못했을 것이다.

5. 내 생애를 변화시킨 밑거름 ♥163

모든 노력은 단지 바다에 붓는 한 방울 물과 같다.
하지만 만일 내가 그 한 방울의 물을 붓지 않았다면
바다는 그 한 방울 만큼 줄어들 것이다.

당신에게도 마찬가지다.
당신의 가족에게도
당신이 다니는 교회에서도 마찬가지다.
단지 시작하는 것이다. 한 번에 한 사람씩 ….

- 마더 테레사 -

추천도서
최현주_ 〔위장된 분노의 치유〕. 규장, 1996.
데이비드 메이스_ 〔부부사이의 사랑과 분노〕. 진흥, 2000.
정동섭_ 〔어느 상담심리학자의 고백〕. IVP, 2002.
이영애_ 〔책읽기를 통한 치유〕. 홍성사, 2000.
폴 투르니에_ 〔강자와 약자〕. 정동섭 역. IVP, 2002.

3부
성숙을 향한 도전

6
미국 유학과 치유

대전의 침례신학대학원에서 남편은 기독교교육석사(M.R.E) 를 마치고, 계약교수로 2년간 근무를 하였다. 그리고 드디어 유학 가는 길이 열려 우리 네 식구는 미국으로 떠났다. 유학을 간다는 뜻은 두고 있었지만 재정 보증을 서 줄 사람이 없어서 차일피일 날짜가 미루어졌다. 그 때 미국인 교수 두 분이 재정 보증을 서 주고, 학교에서는 교수 요원으로서 유학 기간 동안 학비를 지원해 주게 되었다. 실로 유학을 위해 기도를 시작한 후 5년만에 응답이 이루어진 것이다.

큰 뜻을 품고 유학을 떠나다

무작정 대사관에 사표를 내던지고 아무 대책도 없이 떠나려던 유학이 4년 동안 연기되었다. 그런데 거기에 하나님의 멋진 계획이 들어있었다. 하나님은 앞서 행하셔서 유학을 마치고 귀국하면 교단에

서서 후학들을 가르칠 수 있게 만들어 주셨다. 이 얼마나 감사한 일인가!

우리 네 식구는 친지들의 배웅 속에 부푼 기대를 안고 비행기에 올랐다. 그 때 둘째 언니가 내 손에 쥐어 준 시 한 편이 내 마음을 찡하게 울렸다. 둘째 언니가 써준 시를 비행기가 이륙할 때 읽으며 우리 가족은 미국을 향해 날아갔다.

남편은 시카고의 트리니티 신학대학으로부터 입학 허가를 받았는데, 도착하자마자 마음을 다해 공부에만 전념했다. 남편은 상담심리학을 공부하면서 배우는 모든 내용을 가능한 자신의 생활에 적용하기 시작했다. 하나님의 자비와 은혜를 경험하면 할수록 남편의 인격은 아름답게 변화되어 갔다. 그 옆에서 제일 덕을 본 사람이 바로 나 자신이었다.

나는 어렵게 간 유학이기 때문에 돈엔 신경 쓰지 않고 남편이 오직 공부에만 전념할 수 있도록 모든 여건을 준비해 주신 주님의 인도에 늘 감사하였다. 나는 나대로 침례교회에서 '최선의 삶'과 '크로스웨이 성경공부'와 '전도폭발훈련' 외에 영어 성경공부와 회화를 열심히 배웠다. 한국에서 초등학교 1학년과 3학년을 마치고 아빠를 따라 미국에 온 두 아들도 학교생활에 재미를 느끼면서 미술, 바이올린, 피아노, 태권도 등을 열심히 배웠다.

우리의 유학생활은 각자가 모두 성실히 준비하는 시기로 삼았다. 남편은 방학 중에도 썸머스쿨을 하면서 휴일도 없이 4년의 방학을 한 번도 쉬지 못하고, 그 많은 학점을 이수하였다. 석사과정과 박사과정을 4년 만에 다 이수하였으니 얼마나 시간과 여유가 없었겠는가?

나는 남편이 공부에만 전념하며 건강을 잘 유지하도록 4년 동안 열심히 음식을 만들고, 아이들의 운전사노릇을 하고, 여러 자질구레한 일까지도 혼자 도맡아 하였다. 나는 이런 일들을 다 가정사역으로 알고 흔쾌히 헌신했다. 다른 유학생 부인들이 청강을 할 때, 나는 남편의 시간을 뺏지 않기 위해 쇼핑을 한다든가 아이들을 학원에 데려다 주는 일을 하면서 남편의 학업 진보를 위해 애썼다.

어느 날 남편이 이런 나에게 감사의 편지를 살짝 전해 주었다. 그것은 남편에게 있어 한 작은 변화의 출발이었다.

> 사랑하는 아내에게,   1987. 8. 17
>
> 편지 쓰기를 즐겨하는 내가 나의 귀여운 아내에게 편지를 써 본 지도 아주 오래된 것 같습니다. 오늘 당신의 36회 생일을 맞아 이를 기념하는 뜻에서 글로 나의 마음을 표현하고 싶었습니다.
>
> 나의 나 된 것은 하나님의 은혜입니다. 그러나 하나님은 오늘과 같은 나를 만들기 위해서 여러 여인들을 사용하였습니다. 돌아가신 우리 어머니를 비롯해 누님, 신설동 아주머니 그리고 당신, 그리고 1982년 이후로는 쉘턴을 통해 주님은 나를 만지시고 빚으셨습니다.
>
> 당신은 창조주 하나님께서 이 미천한 자에게 베풀어 준 가장 위대한 선물입니다. 이것은 자명한 사실이지만 나는 다시 한번 이 말을 되풀이하고 싶습니다. 당신이 나의 약점과 허물을 용납하고 받아주지 않았다면 나는 지금 어떻게 되었을까? 생각만 해도 어지러워집니다.
>
> 투명하다는 것을 빙자해서 말을 함부로 옮기는 나, 시도 때도 없이 장소에 상관 않고 화를 내는 나, 책이 아니면 갖가지 활동에 파묻혀서 아내와 자녀에게 할 일을 망각하고 자기 기만에 빠지기를 잘하는 나, 사람들에게 가정생활의 원리를 가르치면서도 실제 행동을 통해서는 이를 부인하는 위선자의

대명사였던 나…. 이러한 나를 오늘날까지 버리지 않고 계속 사랑의 언어로 타일러 준 어머니이자, 친구인 당신을 나는 마음속 깊은 곳으로부터 존경하고 사랑합니다.

밤이나 낮이나 토끼와 같이, 튤립과도 같이 청초하고 우아한 멋을 잃지 않고 고상한 자태를 잃지 않는 당신이 나는 항상 좋습니다. 나는 무엇보다도 당신이 나의 잘못을 직언해 주는 길잡이 역할을 해주기 때문에 당신을 귀하게 여깁니다. 끝까지 그 일을 회피하지 말고 충실한 나의 아내, 나의 친구로 남아 있을 것을 우리 주님 앞에 기도합니다.

당신의 남편
정 동 섭

마지막까지 힘들게 한 남편의 분노

미국 유학 중 여러 면에서 축복된 시간을 보내고, 건강하고 풍성한 가정생활을 누렸다. 그러나 아직까지 해결되지 않은 문제, 우리 가족을 심한 풍랑 만난 조각배처럼 불안하게 만드는 문제가 간혹 있었다. 그것은 시한폭탄처럼 예측할 수 없는 순간에 터지는 남편의 분노였다.

평온한 시간이 계속 되어 살 만하다 싶으면 남편의 분노가 여지없이 터지는 사건이 일년에 몇 번씩 있었다. 열 가지도 더 된 여러 가지 병적 증상이 다 바뀌고 치료되었다. 그런데도 끝까지 나를 괴롭혔던 문제가 예상치 못한 순간에 남편이 갑자기 폭발되듯 화를 내는 일이었다.

도대체 나는 그 문제의 뿌리가 무엇인지 이해할 수 없었다. 나는 남편이 분노를 폭발할 때마다 늘 무시당하는 기분이 들었다. 내 자신이 비참해졌다.

1989년 어느 날, 박사과정을 마칠 무렵이었다.

나는 하나님의 도우심으로 분노에 대해 새로운 통찰을 얻게 되었다. 대개 사람은 불안하거나 상처를 받거나 좌절감을 느낄 때 화를 낸다. 성장과정에서 상처를 많이 받은 사람은 마음에 분노가 가득 차 있어서 조그마한 자극에도 쉽게 분노하게 된다는 사실이었다. 화를 내려고 준비하고 있다가 화낼 건수를 찾는 사람처럼 조건반사적으로 분노를 터뜨리는 것 같았다. 얼마나 속사람이 불안하고 짜증이 나 있으면 그냥 별것 아닌 일에도 신경질이 날까를 생각해 보았다.

화를 내는 겉사람의 태도 속에는 상처받고 울분에 치를 떨고 있는 아이가 도사리고 있는 것이었다. 자라나면서 격려받지 못하고 무시당하고 바보처럼 취급받던 상처받은 '과거 내재아'가 울부짖고 있었다. 남편은 누적된 분노를 매사에 만만한 나, 그리고 아이들에게 터뜨리곤 했는데 그것은 출렁이는 파도일 뿐이었다. 진짜 용광로는 보이지 않게 감추어져 있었다. 그것은 어린 시절부터 해결되지 않은 분노와 원한이었다.

내가 그것을 깊이 인식하고나서부터는 남편이 그렇게 불쌍하고 측은하게 보일 수가 없었다. 저렇게 자기도 모르게 속사람이 멍 들어서 가장 가까이 있는 가족에게 화풀이 한다는 것을 알고 나니까, 오히려 남편의 속사람이 불쌍하게 생각되어 위로해 주고 싶은 견딜 수 없는 마음이 생겼다.

"내가 무슨 잘못을 해서 이런 참담한 수모를 받아가며 살아야 하나!"

그 동안에는 심장이 막히고 억울해서 눈물을 쏟기만 했었다. 어린 두 아들도 별것 아닌 일 가지고 아빠의 분노를 받아 주느라 황당한 꼴 당한 일이 한두 번이 아니었다. 남편은 자기의 분노가 진정된 뒤에는 거듭거듭 빌면서 미안해 했지만, 우리 가족은 그런 그의 행동이 징그러웠다.

한 번은 큰아들이 빨간색 색연필을 찾고 있었다. 남편이 그것을 보더니 갑자기 고래고래 소리를 질렀다.
"왜 우리 집엔 색연필 하나 없어서 아이가 찾고 다녀야 되냐?"
정말 내가 미쳐 버리든지, 남편을 정신병원에 넣든지 해야만 살 것 같았다. 그런데 그 일로 인해서 나에게 하나님의 측면에서, 또 다른 차원에서 어떤 생각이 스쳐 지나갔다.
'한 세상을 살아가는 한 인간으로서 이렇게 불쌍한 인생도 있구나!'
연민의 정과 긍휼의 마음이 들기 시작했다. 그래서 나는 두 다리를 쭉 뻗은 채 울면서 남편의 한을 깊이 공감해 주었다.
"당신이 자라나면서 얼마나 인정을 받지 못하고, 무시와 놀림을 받고 자랐으면 성격이 이렇게 망가졌겠어요!"
내가 아주 마음 아파했더니, 남편이 정색을 하며 얼굴이 확 펴졌다.
"아하, 그러고 보니 나도 내가 왜 이렇게 늘 화가 나 있는지 이해가 되지 않았어! 자라나면서 인정은 커녕 바보천치 취급을 당하다 보니, 그것이 한이 된 것 같구나."
쓴뿌리의 근원이 진단되고 난 후에 남편은 자기 감정을 조절할 수 있게 되었다. 아무튼 그 일을 계기로 더 이상 남편은 화를 내지 않았다. 마음의 상처를 깊이 공감해 줌으로써 치유가 일어났던 것이다. 「아직도 아물지 않은 마음의 상처」란 책은 남편이 자신의 분노 문제를 해결한 후에 번역한 책인데, 그 책에선 역기능 가정에서 자라난 성인아이들이 여러 가지 정서적인 혼란을 겪게 된다고 역설했다.

이 책을 몇 년 전에 접하기만 했어도 많은 세월을 이렇게 영문도 모른 채 고통당하고 갈등하진 않았을 것이다. 적어도 진단만 되었어도 치유가 반은 되었을 것이다. 누구든지 먼저 진단만 되어진다면 치유는 시작된다. 병명을 알아야 그 병에 맞는 치료 방법이 처방될 것이 아닌가! 최소한 분노는 어떤 일이 잘 안 풀려서 화가 난다기보다는 이미 가슴에 화산과 같은 분노가 있어서 그것 때문에 터진다는 것을 알고나니까 내적치유의 반은 정복이 되었다.

내적치유는 먼저 고통을 재경험하면서 진단이 되어야 하고, 둘째는 그 고통을 하나님의 사랑으로 수용하거나, 그 고통의 의미를 재구성할 필요가 있다. 그 후에야 용서와 분노가 처리될 수 있는 것이다. 남편은 그 과정이 그 때 이루어졌다. 분노의 실체를 정확히 알게 되니까 나에게 막가파 식으로 화를 낼 이유가 없어진 것이다.

큰아들은 이 사건을 겪으면서 그의 학교 숙제로 제출한 시에 잘 표현하였다.

> **변화된 우리 아빠**
> 나는 아빠를 활화산에 비유했었다.
> 그런데 이제 아빠는 엄마의 상담과 책들을 통해
> 분노를 다스리는 법을 배우신 것 같다.
> 우리 아빠는 사화산으로 변했다.
> 나는 더 이상 아빠가 무섭지 않다.

그 외에 완전주의와 결벽증이 저절로 없어졌다. 여러 증상을 잘도 참아주고 견디어 냈다고 나 스스로 자위해 보지만 우리는 너무나 무지했다. 서로 다른 배경 속에서 자라난 남녀가 결혼식만 올리면 그냥 잘 살겠지 하고 결혼에 임했으니 말이다. 결혼은 겉으로 드러난 겉사람들의 결합일 뿐만 아니라, 한 걸음 더 나아가서 보면 속사람끼리의 적응이 절실한 일대 사건인 것이다.

미국의 교민생활

미국에 도착하고 나서 마음에 한 가지 느낌이 있었다.

'우리는 지금까지 뭔가 손해 보고 살아오지는 않았는가?'

이렇게 깨끗하고 공원 같은 분위기에서 온갖 풍요를 누리며 살아

▲ 저자 부부의 다정하고 행복한 모습.

가는 사람들이 많은데 우리는 너무 힘들게 살아 온 것이 아닌가? 한국에서 살 때는 상대적인 빈부의 격차가 있어서 우월감도 느끼고 열등감도 느끼며 살게 되는데, 이곳 사람들은 걱정 안해 줘도 다 잘 살아가니까 내 마음이 편할 거라고 생각했다. 그런데 몇 달 지나지 않아서 생각이 좀 달라졌다.

'사람 사는 곳은 어디나 다 똑같이 문제가 있구나.'

그림 같은 분위기 속에서 여유 있게 살아가는 사람들이 많은 것은 사실이었다. 생활 여건이 좋으니까 살아가기가 수월할 수도 있을 것이다. 하지만 행복은 마음 상태에 달린 것이지, 환경이 가져다 주는 일은 아니지 않는가? 아름답고 좋은 집에 사는 사람들이 정신적으로 건강하지 못하여서 갈등이 많다면 절대로 행복할 수 없을 것이다.

나는 교민사회의 좋은 면도 보고 안 좋은 면도 보았다. 문제는 겉으로 보이는 여건이 아니었다. 집 속에 사는 주인공들의 속사람이 얼마나 성숙하냐 성숙치 않느냐에 따라서 삶의 질이 구분되었다.

예나 지금이나 많은 사람들이 한국이 살기 힘들고 자녀들 교육 때문에 이민을 가고 유학을 떠난다. 이런 현상을 두고 좋다 나쁘다 말하기는 쉽다. 그러나 나는 인생의 본질적인 가치관을 생각했다.

한국에 살든지 미국에 살든지 사람의 가치관이 분명치 않다면 장소와 환경은 사람에게 큰 변화를 줄 수 없다. 한국에서 모국어로 공부할 동기를 부여받지 못한 아이들이 갑자기 환경이 좋은 나라에 가서 공부를 열심히 할 거라고 우리는 생각하기 쉽다.

그렇지만 오히려 낯선 타국에 가서 외로움을 견디며, 한국에서 금지된 마약과 인종차별과 자유로운 성개방에 노출되는 위험을 감내해야 하는 또 다른 숙제가 그들 앞에 놓이게 되는 것이다. 한국은 공부하기에 지옥이고, 그곳은 또 다른 유혹이 도사리고 있어서 우리의 자녀들을 공격하고 있다.

유학 초기에 말은 잘 통하지 않고, 외국 아이들 속에서 많은 소외감과 외로움에 멍하게 교실에 앉아 있는 모습이 대부분 유학 간 아이들의 모습이다. 노는 시간에도 책상 앞에 앉아서 무료함을 달래다가 학교 수업을 마치면 한국인 아이들을 찾아 파티 장소로 가는 경우가 허다하다. 아무런 생각 없이 그저 한국에서 송금해 주는 돈만 허비하고, 공부에 별 진척도 없이 시간만 보내는 경우가 많다.

부모님들 생각에는 외국에만 나가면 영어 실력이 쑥쑥 자라는 것으로 생각하겠지만, 본인이 노력하지 않고서는 몇 마디의 회화실력으로 공부를 따라 잡기란 쉬운 일이 아니다. 그러니 비싼 등록금만 낭비하고 시간을 쓸데없이 보내는 수가 많다. 따라서 부모님들 기대와는 달리 아이들이 방황하고 무력감에 빠지기 쉬운 경우가 많은 것이다.

아무리 외국에서 태어났다고 해도 그들의 눈엔 동양인들로 밖에 보이질 않으니 그것이 문제이다. 대학을 가고 사회에 진출해서도 동양인은 동양인들과 자연히 어울릴 수밖에 없다. 물론 성공적인 소수의 사례는 제외하고 대부분의 사례가 그렇다는 말이다. 뒤늦게 대학을 다니면서 한국인의 뿌리를 찾고 새롭게 한국말을 익히고 싶어한다. 현지에서의 사업도 결국은 한국인을 상대하게 되고, 어느 나라에서 살든지 동양인으로 살게 된다는 말이다. 따라서 내가 말하고 싶은 것은, 어디를 가서 살든지 자기 정체성을 분명히 심어주고, 자기의 재능에 따라 살아가는 사람을 만들어야 한다는 것이다.

유학을 가든지 이민을 가든지 중요한 사실은, 그 사람 인생은 그 사람의 인생관과 가치관과 생각에 따라 좋게도 풀리고 힘들게도 살아진다는 것이다. 부모의 역할은 링 안엔 들어갈 수없고 링 밖의 코치의 입장이 될 수밖에 없다. 대신 살아주고 싶지만, 살아 줄 수 없는 것이 자녀들의 삶이다. 자녀 스스로가 하나님을 의식하고 선택하여 살아가면서 하나님과 직접 모험을 행하는 길이다. 그래서 찰스 스윈돌 목사는 말했다.

"부모가 자녀에게 물려 줄 수 있는 가장 위대한 유산은 자녀로 하여금 하나님과 인격적인 관계를 맺을 수 있도록 도와주는 것이고, 나아가서 자녀에게 높은 자존감을 심어 주는 것이다."

우선 자녀의 안녕과 행복이 부부의 관계와 행복보다 더 중요시 될 때가 많이 있어서, 아버지는 돈벌어 대는 사람이고 어머니는 아이들 뒷바라지로 이산가족이 되는 경우가 많다. 자식 사랑에 어찌 희생이 따르지 않을 수 있겠는가? 나도 그렇게 생각하는 사람이다. 그렇지만 자녀를 위해 부부가 희생을 치르고 난 다음에 가정이 깨지는 일은 없어야 하겠다. 절대적으로 가정은 사탄의 공격으로부터 살아남아야만 한다.

4년 유학의 보상

유학생활 마지막에 주어진 보상이 있었다. 그것은 끈질기게 치유되지 않았던 분노가 치유된 일이다. 그리고 성인아이가 자신의 모든 인격적인 미숙함을 극복하고 영적으로, 심리적으로, 정신적으로 전인치유가 되었다는 점이다. 상담심리학 석사과정을 우등으로 졸업하고, 곧 이어 박사과정은 가정사역을 전공하여 잘 마칠 수 있었다. 그것도 4년이란 짧은 기간에 좋은 성적으로 대미를 장식하였다. 40개국의 우수한 인재들이 모여 있는 명문대학에서 남편이 졸업생 가운데 대상을 받게 되었다는 사실이 더없이 감사했다.

"나 같은 사람이 대상을 타게 되다니, 하나님도 놀라시고 나도 놀랐습니다!" 남편의 고백이었다.

게다가 경사가 겹쳐서 둘째아들도 같은 날 제5회 '식생활 개선 포스터'에 출품한 그림이 9,004명(일리노이주 전체에서)중에서 대상에 뽑혔다는 통보를 받았다. 아들의 상은 일리노이주의 주도 스프링필드에서 수상해야 했기에 남편은 자기 상은 다른 사람에게 부탁하고, 아들의 상을 받으려고 손수 운전까지 해주며 함께 갔다.

▲ 당시 10세인 정명훈(사진의 오른쪽)이 그린 그림과 함께 기념촬영(왼쪽은 담임선생).

가는 도중에 남편이 한 말 때문에 나는 큰 감동을 받았다.

"이렇게 좋은 일이 있게 된 것은 엄마가 아빠를 위해 김치 잘 담아 주고, 우리 아들들을 위해선 운전 잘 해준 덕분이다! 그렇지?"

나는 진심으로 하나님께 감사를 드렸다.

"이 모든 것을 가능하게 해준 주변의 돕는 손길들 때문이지요! 하나님, 감사합니다!"

상담훈련 준비

4년의 유학을 마치고 다시 한국으로 돌아왔다. 마음이 푸근하고 좋았다. 남편도 열심히 배워 온 유학 공부를 함께 나눌 수 있는 학생들이 있으니 얼마나 좋은 일인가! 이렇게 유학의 길을 열어주셨던 허긴 총장님께도 감사했다.

나도 내 할 일 다 끝냈다는 기분으로 귀국하자마자 그 동안 남편과 자식 뒷바라지 하다 미처 못 배운 공부를 시작했다. 학위 위주의 공부가 아니었다. 나는 주부였기 때문에 실제 생활에 필요한 공부를 준비했다.

생명의 전화 상담자 훈련도 수료했고, 청소년 지도자 교육 등 사람의 마음을 이해하고 도와주는 강의라면 정신없이 쫓아다니며 배웠다. 각 대학의 사회교육원 강의, 연세대학의 정신건강 세미나 등 그야말로 속실력을 쌓아갔다. 좋은 책도 수없이 읽었다. 나는 뒤늦게 가정 간호사 과정을 수료했는데 그것도 단지 '정신과 간호학'을 더 배우고 싶기 때문이었다. 조카를 비롯하여 정신과 환자 가족들을 위해서 배워야 할 것 같았다.

또한 안덕자 교수님의 PET와 '현실요법'은 신성회 임원들 중심으로 배웠다. 정신과 의사이신 김진 선생님을 모시고는 '정신건강에 대

▲ 정동섭 교수는 아내 이영애 집사의 끈질긴 격려와 도움에 힘입어 교육학 박사(Ph. D.) 학위를 취득했다.

한 특강' 모임을 주선하기도 했다. 특히 김진 선생님께서 저술한 「나누고 싶은 이야기」는 막연하게 인간을 이해했던 나에게 구체적인 틀을 제시해 준 책이었다. 그 다음에 쓴 「그리스도인은 인간을 어떻게 이해해야 하는가」라는 책에서 인간은 역사를 가진 존재라는 것과 닫힌 의식의 세계에 눈을 돌리게 했으며 신앙에 대해서도 새로운 인식을 갖도록 도움을 받았다.

예수전도단의 내적치유 세미나도 무척 유익했다. 독서요법의 한계를 넘어선 경험을 갖게 했다. 안식년에 훈련받았던 CDTS(Crossroad Discipleship Training School)과정도 아주 좋았다.

국외에서는 미국에서 단기간(intensive course)에 할 수 있는 "Marriage Enrichment"나 Stephen Ministry에서 훈련하는 "평신도 상담자 교육"도 받았다. 나는 가능한 기회 있는 대로 배우려고 힘썼다.

이단과의 투쟁

귀국하고 1년이 넘어가면서 생활의 질서를 잡아갈 때였다. 느닷없이 구원파 자매들이 놀러 왔다가 돌아갔다.

'세상에 어려운 일들이 일어나니까 우리에게까지 상담을 다 하러 오다니 …'

우리를 잊지 않고 상담 받으러 온 자매들이 귀하다고까지 생각되었다.

한 자매는 난소암에 걸렸다면서 도움을 청했고, 한 자매는 다른 이유로 놀러 왔다면서 애써 옛날 이야기를 꺼내는 것이었다. 이젠 자기들도 모임을 다 떠난 상태인데, "자매님은 왜 떠났어요?"라고 꼬치꼬치 물었다. 길게도 묻지 않았지만 그 대화들이 숨겨가지고 온 녹음기에 다 녹음되고 있었다.

한 달 후였다. 그 녹음한 내용을 갖고 우리를 명예훼손으로 법정에 고소를 했다. 그들의 치밀한 덫에 걸려들고 말았던 것이다.

12억원의 신용훼손과 명예훼손!

처음으로 아파트를 분양받아 이사한 지 삼일 만에 일어난 일이다. 정말 기가 막혔다. 아침에 직장에 출근하다가 경찰서에 잠시 들르라고 해서 방문했는데, 그대로 서부 경찰서에 수감된 것이다. 아예 사전 영장을 준비해 놓고서 심문하다가 영창에 바로 집어넣어 버렸다. 영창에 갇혀 있는 남편을 보니 마음이 답답했다.

그 후로 엄청 많은 일들이 벌어졌다. 그 때 박세환이라는 학생을 중심으로 일사불란하게 학생들이 움직여 주었다. 또 많은 교회에서 기도로, 헌금으로 우리 부부를 후원해 주었다. 하나님께서 학생 박세환을 숨겨둔 변호사로 사용하시면서, 주광기 변호사님의 능력 있는 변

▲ 교도소에 수감중인 남편의 구속 적부심 통과를 위해 침신대생들이 법원에 줄지어 서서 탄원기도하는 모습들.

호로 재판이 무죄로 판결나기까지 긴 투쟁의 세월이 흘러갔다.

구원파와의 재판은 6년간에 걸쳐 총 38회의 재판이 있었다. 도합 6명과의 투쟁이었으며, 재판 과정에서도 고소 고발이 열 차례나 있었다. 그러나 우리 부부는 모두 무혐의 처분 및 무죄 판결을 받았다.

하나님께서 불의한 재판에 우리와 함께 싸워 주신 것을 나는 누구보다 실감했다. 그리고 성인아이였던 남편의 단순한 믿음을 보시고 비록 나약한 사람이었지만 그를 사용하셔서 머리 좋고 수단 좋고 간교한 고소자들을 쳐부신 일을 하신 분은 하나님이셨다.

마지막 관문 : 남편의 일중독 쳐부수기

대전에서 대학원 공부를 시작하던 시절부터 미국 유학생활 4년을 거쳐 교수가 될 때까지 10년 동안을 나는 '기다리는 사람'이 되었다.

공부를 하는 시기니까 '좀 참고 기다리면 되겠지' 생각하고 기다리는 신세를 군소리 없이 잘 참고 살았다. 또한 귀국해서 교수생활을 하던 때에도 나의 기다리는 생활은 계속 되었다. 구원파에 고소당한 뒤 전국의 많은 교회에서 이단에 대한 강연 초청이 있었다. 이것도 거절할 수 있는 일이 아니었다. 우리에게 헌금을 해 주면서 기도해 주는 교회에 어찌 그 경과보고를 하지 않을 수 있겠는가?

남들은 일생에 한 번도 재판정에 가보지 않고 사는 사람이 많다. 그런데 치유된 성인아이가 이단과의 투쟁을 하는 것 자체가 힘든 일이었다. 나는 나대로 힘들었다. 이제 성인아이 남편이 치료 받고 성숙한 인격체로 변화되어 평안하게 살게 됐구나 생각했는데, 이단과의 투쟁을 하게 된 것이다. 투쟁도 마음을 애타게 하지만, 정이 많고 성질 급한 내가 남편을 10년 이상 기다리는 신세로 살아가는 일은 더없는 고문처럼 느껴졌다. 나는 '기다림'에 대해 쉽게 이야기하고 싶지 않다.

남편 본인이야 전국을 돌아다니면서 이단 강의를 한다든가, 가정생활을 잘 하라고 가르치며 보람을 느끼고 살겠지만, 정작 한국 가정사역학회 회장의 아내인 나는 허구한 날 남편을 기다리는 한 마리 강아지가 된 기분이 들곤 했다.

1-2년을 후딱 기다려보고 하는 이야기가 아니다. 결혼생활 27년 동안 나는 20년을 계속 바쁜 일만 생기고, 또 그렇게 살아왔던 일중독자를 20년간을 기다려보고 하는 말이다. 남편의 공부하던 10년 세월과 계속되는 수많은 강연과 빽빽한 학교 강의 일정과 수십 권의 책을 번역하는 일, 집안에서의 첩들 두 가지, 즉 책과 컴퓨터에 남편을 빼앗기고 도대체 나에게 돌아오는 시간이 언제란 말인가?

일중독자와 살아가는 배우자는 생과부처럼 공허해질 때가 많다. 남편의 시간을 통째로 달라는 말이 아니다. 10분의 1, 아니 20분의 1 정도만이라도 함께 보내고 싶다는 말이다. 이러한 요구를 치사하다고 말할 사람은 없을 것이다. 남편이 성인아이에서 치유가 되었기 때문에 이제는 좋은 관계, 행복한 관계를 누리고 싶었다. 그런데 그 남편을 온통 일에 빼앗기고 살다 보니 나는 아내로서 기본적인 욕구마저 채워지지가 않는 것이었다.

아침에 뭔가 대화를 나누다가 속이 상해서 밖에 나갔다 들어왔더니 남편이 긴 글을 남겨놓았다.

> 사랑하는 당신에게,　　　　　　　　　　　　1993. 5. 21
>
> 뭐라고 당신을 위로해야 할지 모르겠소. 시간은 다가오는데 당신은 울며 나가서 들어오지 않고 한 끼라도 굶으면 참을 수 없는 당신이 얼마나 심각하고 참담한 심정이면 가출을 하여 울고 들어 왔겠소? 나는 입이 열 개라도 할 말이 없소.
>
> 부부가 함께 살다보면 올라갈 때와 내려갈 때가 있다고 생각하고 멀리 넓게 보아 주었으면 좋겠소. 이보다 더 험한 과정도 하나님의 도우심으로 감당해온 우리가 아니요. 내가 주님을 따라 가는 것이 아니라, 내가 주님을 앞서 가는 것이 분명한 것 같소. 그러니까 여러 가지 부작용이 나타나는 것이 아닌가 생각하오.
>
> 한 가지 분명한 것은, 나에게는 하나님께서 너무나 많은 은혜와 축복을 주셨다는 것이오. 나는 또 많은 죄를 사함 받은 죄인으로서 막달라 마리아처럼 주님을 많이 사랑하고 많이 돌려 드릴 수밖에 없는 처지라고 생각하고 있오. 힘들고 피로할 때도 있지만, 주님이 힘 주시는 대로 젊을 때에 주를 위해 살아야 한다는 각오로 하루하루를 사는 중이라오. 5, 6월은 특별한 기간이라 요구가 더 많은 것이 사실이지만, 내가 가족의 필요를 돌아보지 않고 너무 많

이 일을 벌이고 있는 것이 틀림없소. 당신의 불평은 절대로 지나친 것이 아니라고 나도 받아들이고 있소.

오늘 있었던 대화(의사소통) 불통도 당신이 스트레스를 안 받을 때라면 문제없이 해소할 수 있었던 문제인데, 그동안 당신이 꾹 참았던 상황이 누적되어 폭발한 것이라 생각하오. 당신에게 정말 미안하고, 또 미안할 뿐이오. 당신 말대로 공부할 때나 유학할 때나 오래 참고 오래 참고 오래 참았소. 앞으로 당신을 위해 더 많은 시간을 내도록 노력할 것을 약속하오.

얼마 전까지만 해도 당신은 나를 많이 격려하고 나를 '피어나는 장미꽃'이라고 치켜주기도 하였소. 당신은 그것이 나에게 얼마나 많은 것을 의미하는지 모를 거요. 그러나 이제 나는 다시 낭떠러지로 떨어지는 기분이요. 당신은 정서적으로 고갈되어 나보다 더 참담한 기분일 거라고 생각하오. 나는 당신이 나를 너무나 잘 내조한다고 생각하고, 당신을 믿고 모든 일을 감당하고 있다오.

나는 당신에게 아무런 불만이 없다오. 현재 우리의 문제는 내가 너무나 바쁘게 생활하고 있다는 것인 줄 알고 있소. 문제는 나에게 있는 것이니 6월을 잘 넘기기만 하면 당신은 달라진 나를 보게 될 것이요. 끝까지 오래 참는 사랑으로 나를 불쌍히 여기고 받아 주길 바라오.

나는 명훈이와 지훈이에게도 바쁜 모습만 보여 주는 것이 좋지 않다는 것을 알고 있소. 앞으로 더 노력할 것을 약속하오. 현실을 감안하여 너무나 높은 기대를 하지 말고 서로 타협할 수 있었으면 좋겠소. 내 욕구는 채워지는데, 당신의 욕구가 충족되지 않고 있다는 데 문제가 있다는 것을 잘 알고 있소.

무슨 일이 있어도 대화를 거부하는 일은 삼가 해 주길 바라오. 나는 당신의 지지가 없으면 아무것도 할 수 없다는 것을 지금 절감하고 있소. 늘 그리했던 것처럼 나를 불쌍히 여기는 긍휼의 은사를 발휘해 주기 바라며, 학교를 향해 떠나기 전에 황급히 썼소.

당신을 사랑하는 남편으로부터 …　　　　일중독증 환자

매년 가정의 달인 5월만 되면, 나는 더없이 외롭고 쓸쓸해진다. '5월 증훈군' 때문이다. 아침에 잠깐 식사시간에 남편 얼굴을 보면, 그 이튿날에나 겨우 잠깐 보는 생활이다. 그리고 매 주말마다는 강연을 하느라 전국을 돌아다니면서 한밤중에 들어 오고, 주중에는 학교 강의 준비로 컴퓨터 앞에 앉아 떨어질 줄을 모른다. 책을 들여다보다가 잠에 곯아떨어지니 언제 대화를 나눌 시간이 없었다.

자연히 나는 스트레스가 차곡차곡 쌓이게 되는 것이다.

▲ 전국의 부부와 가정을 위해 가정세미나를 인도하는 저자 부부.

이렇게 5월이 지나갈 때면 나는 한 번씩 울음을 터트리곤 하였다.
'다른 가정을 위해, 전국의 가정을 위해 나의 남편을 임대해 주면서 왜 나는 집에서 외로워해야만 하는가!'

'부부가 함께 보람 있게 생각하면서 밀어 줄 수는 없는 것일까?'

머리 속으로는 내가 이러면 안 되지 … 하고 자신을 타일러 보아도 소용이 없었다. 아내로서 절대적인 기본 욕구가 채워지지 않는 것이었다.

'정말 전국의 유명하다는 부흥사의 아내들은 과연 어떻게 대처하고 살아갈까?'

'온 국민이 일중독으로 돌아가는 세상이 아닌가? 쉼이 없이 돌아가니까 …'

나는 바빠서 대화도 나눌 시간이 없는 남편에게 한 통의 편지를 띄웠다.

이 세상에서 가장 좋은 친구인 당신에게!

가르치는 즐거움과 책 읽는 즐거움이 어우러져 밤이 깊도록 컴퓨터 앞에 앉아서 다리를 흔들며 스릴에 젖어 있는 당신의 뒷모습!

때로는 단골손님을 컴퓨터에 빼앗겨 버린 조강지처의 마음도 가졌지만, 이젠 나도 일중독자들의 대열에 들어선 기분이 들어요. 나도 왜 그렇게 자질구레한 일이 많은지 몰라요.

상담하고, 정보물 수집하고, 구상하며 내 머리 속과 마음이 꽉 차서 돌아가다 보니 나도 퇴근이 없는 상담요원이 된 것 같아요.

이제 가정간호사 과정을 이수하고 나면 어떻게 내 생활이 전개될지 나도 모르지만 우리의 로맨스엔 악영향을 안 미치는 것이 좋겠는데 … 오히려 좋을 수도 있겠지요? 바쁘면 덜 보게 될 테니까요.

> 역기능이 역기능을 낳고, 일중독이 일중독을 만들어서 그런대로 잘 돌아가지 싶은데, 그대의 생각은 어떠신지요? 사실 홀로서기도 잘 되어가고, 정신건강도 더 좋아진 것 같고요.
>
> 아무튼 나는 당신이 건강해서 실력 발휘 잘 하시고, 대인기 대환영 속에서 만족해 하니까 옆에서 지켜보며 덩달아 만족하기도 해요.
>
> 자주 시간을 내달라는 것은 나도 원하지 않고 사업에 방해가 되니까 가끔 외식을 하거나 등산이나 가주면 저는 다행으로 생각해요.
>
> 가뭄에 콩 나듯이 애처롭게 피어나는 꿈은 꺾지 말아 주세요.
>
> 악에 바치고, 미움이 커지고, 섭섭할 때까지 가는 것이 당신 탓 뿐이겠어요? 엎드려서 빌지 않은 제 탓도 있겠지요!
>
> 늘 쫓기고 바쁜 중에도 평안을 유지하고 분노를 폭발하지 않는 것만도 "하나님! …"이지요.
>
> 제가 화요일 수요일, 목요일까지는 가정간호과정 공부로 늦게 오는 날이니까 당신은 그날만이라도 일찍 오셔서 집에서 대신 근무 좀 맡아 주세요.
>
> 아이들이랑 잘 부탁드리고, 전화 메모 잘 부탁해요.
>
>   당신을 애타게 기다리는 영애가 …

그렇게 살다가 안식년을 맞이했다. 여전히 바쁘게 지내는 남편에게 제발 나와 함께 예수전도단의 CDTS 과정에 참석하자고 했다. 뉴질랜드에서 그 과정을 밟기로 했는데, 미국에서 한 달간 집회를 하고 가기로 했다. 그런데 쉴 틈도 없이 일을 몰아서 하는 남편은 토요일 날 한국을 떠나서 미국에 도착했다. 하루도 쉬는 시간이 없이 바로 그

▲ 호주에서 가정세미나 강연 후에.

▶ 제주도에서 목회자부부 세미나를 인도하고 잠시 관광을 하는 저자부부.

▼ 시카고 세미나를 마치고 하버 앞에서.

이튿날부터 일정을 잡는 것이었다. 그리고 비행기를 일곱 번이나 타고 내리면서 한 달 내내 집회를 인도하면서 쉴 시간이 없이 지냈다. 한국에서도 기다렸던 내 신세가 미국에서도 강연이 빨리 끝나도록 기다리기는 마찬가지였다.

드디어 그 일중독을 쳐부시는 사건이 터졌다. 우리는 시카고 오헤어 공항에 도착했다. 늘상 그랬듯이 짐 찾는 데서 어떤 목사님을 기다리고 있었다. 한 시간이 지나도록 목사님이 오지를 않았다. 남편은 애가 타서 한 시간 내내 전화통만 붙들고 있다가 할 수 없이 그냥 택시를 타고 가기로 했다. 강의 시간은 점점 다가왔다. 콜택시를 불러 놓고 짐을 날랐다. 그런데 남편은 또 전화를 하러 가서 나 혼자 여유를 부리며 짐을 길가 쪽으로 옮기는 중이었다. 가방 하나를 겨우 옮겨놓고 뒤를 돌아보았다. 그런데 금새 남편 서류가방이 안 보였다.
"여보! 여보! 당신 가방이 없어졌어요. 누가 가져갔나 봐요!"
"뭐라구? … 나 당신 사랑하는 것은 변함없지만, 화가 나서 죽겠어!"라며 발을 구르더니 공항경찰에 신고하고 온다면서 뛰어 들어갔다. 분명히 나의 불찰이었지만, 이상하리만치 담담해졌다.
"하나님! 무슨 교훈을 주시려고 이런 일을 겪게 하시는 거예요?"
남편은 자신의 분신처럼 여기던 가방을 끝내 찾지 못한 채 강의를 하러 교회로 향했다. 그런데 놀라운 일은 남편이 화를 내지 않고, 이번 일을 하나님이 간섭하시는 손길로 느끼는 것이었다. 한 달간 열심히 강의하면서 받은 사례비와 정들었던 성경책과 손때 묻은 주소 연락처 수첩, 사진들과 카메라 등등, 심지어 뉴질랜드행 비행기표와 여권 비자 일체를 몽땅 잃어버린 것이다.

너무 바쁜 일정 가운데 약속 장소를 잘못 알고 착각을 일으켰다. 마중 나올 목사님을 밖에서 기다리라고 해 놓고 본인이 약속을 깜빡 잊은 채 안에서 기다린 것이다. 다행히 하나님께서 은혜를 베푸셔서 여권 비자 잘 받게 하시고, 비행기표도 새로 만들어 주시고, 목사님들의 헌금으로 뉴질랜드를 함께 가게 해 주셨다.

"먼저 마음 그릇을 깨끗이 비우게 하고, 준비 시키시는 아버지!"

그 일이 있은 후부터 남편은 조용히 하나님의 음성을 듣기 시작했다. 하나님의 일을 한다는 핑계로 하나님과의 관계를 소홀히 한 채 나와의 관계도 망치고, 일에만 몰두한 남편 자신의 삶의 스타일에 대해서 회개하기에 이르렀다. 우리 사이의 가장 큰 방해물이었던 일중독을 하나님께선 이렇게 처부수어 주셨다.

역기능 가정의 자녀교육

역기능 가정에서 일어나는 여러 가지 사례를 다 열거할 수는 없다. 하지만 우리 가족이 경험했던 역기능 가정의 케이스들을 얘기하고자 한다.

큰아들의 경우는 태교는 아주 잘 하였다. 별로 부부간의 갈등이 심하지 않았기 때문이었다. 그러나 두세 살이 지나고 다섯 살이 될 때쯤에 우리 부부는 갈등이 많아서 큰아들은 이때 성인아이의 미숙한 면을 보고 자랐다. 큰아들은 어렸을 때의 기억을 한마디로 회고한다.

"아버지가 소리소리 지르면 엄마는 눈물 흘리며 울었던 모습이 생각나요."

남편은 워낙 아이들을 좋아해서 아이들을 괴롭게 하거나, 야단을 치거나, 직접 잔소리는 하지 않았다. 주로 화풀이를 나에게 다 퍼부었다. 아이들에겐 내가 방패막이가 되었던 셈이다. 하지만 아빠가 엄마한테 화를 내는 모습만 보는 것으로도 큰아들은 당당하지 못하고 조용하고 내성적인 성격으로 나타났고, 나하고 친밀감의 관계가 많지 않았다.

또 둘째아들을 임신했을 때가 부부생활 중에 가장 갈등이 심했던 시기였다. 자연히 태교를 잘 했다고 볼 수 없다. 그래서인지 둘째는 매우 예민한 아이였다. 1~2년간 계속 울고 보채는 바람에 큰아들은 거의 돌보지 못했고, 둘째아들이 나를 독차지했다. 큰아들은 아버지가 잘 돌보고 놀아 주었기 때문에 지금도 아버지와 더 친하게 지낸다. 나는 둘째와 지나치게 밀착된 상태로 양육을 한 편이었다.

지금 생각해 보면, 큰아들이나 둘째아들 모두 공평하게 키운 셈이다. 큰아들은 태교는 잘 했지만 나중에 잘 돌보지 못했고, 작은아들은 태교는 좋지 않았지만 키우면서 최선을 다해 기도로 마음을 달래가면서 노력과 정성을 많이 쏟았다.

아버지가 비록 성인아이였음에도 불구하고 두 아들에게는 화내는 일 외엔 별로 상처를 주지 않았다. 이것은 돌이켜 보면 얼마나 감사한 일인지 모른다. 잘 놀아 주고, 좋은 아버지가 되기 위해 나름대로 노력을 했다. 결혼 후 6년을 기점으로 아빠가 놀랍게 변했기 때문에 그 후로는 아이들에게 좋은 영향을 더 많이 주었다고 생각한다. 늦깎이 학교공부하면서 배운 자녀양육 방법을 서로 의논해 가면서 협조를 하였기 때문이다.

남편은 다른 성인아이들처럼 죽을 때까지 성인아이 모습으로 살아간 사람이 아니었다. 결혼 후 6년을 분기점으로 영적으로, 심리적으로, 정신적으로 자신의 치유와 회복을 위해 수많은 책을 읽으며 공부를 했다. 그렇게 노력을 해서라도 성인아이의 일을 벗고 내적치유를 받으려고 힘쓰고 애쓴 존경스런 모습을 보여준 좋은 남편, 좋은 아빠였다.

어버이날의 축하 편지

둘째아들 명훈이가 어버이날을 축하하는 편지를 우리 부모에게 썼다. 그런데 늘 반말을 사용하던 아이가 그 때 만큼은 최대한 존댓말을 사용했다. 그리고 갑자기 "아빠 엄마"의 호칭이 "아버님, 어머님"으로 바뀌었고, 이상하게도 그 날만은 명훈이가 말을 잘 들었다.

> 안녕하십니까 어머님, 아버님!
>
> 밤새 편히 주무셨는지요? 오늘은 바로 어버이날입니다. 기대하십쇼. 그동안의 어버이날은 그간 별일 없이 지나갔고, 그저 편지 한 통이 고작이었는데 오늘은 다를 것입니다.
>
> **우선 감사의 격찬을 받으시기 바랍니다.**
>
> 첫째, 저를 낳아 주셔서 감사합니다.
> 둘째, 하나님에 대해 일찍이 알려 주셔서 감사합니다.
> 셋째, 뉴질랜드 마타마타에서 위기를 잘 대처해 주셔서 감사합니다.
> 넷째, 그동안의 숱한 "불평, 불만, 싸가지 없음"을 묵묵히 용서해 주심을 감사합니다.
> 다섯째, 최고의 어머니, 아버지가 되신 것을 축하드립니다! 감사 탱큐 로드-!"
>
> 아무튼 어젯밤 앨범 사진을 보다가 아버님, 어머님의 사진들을 보고 "앗! 도전하신다!"는 사실이 참 감명 깊었습죠.

어제는 너무 행복했습니다. 백화점을 아버님, 어머님 손을 잡고 먹고 싶은 것 사면서 돌아다니는 나만큼 행복한 놈이 어디 있는가요. 그런 의미에서 아버님, 어머님께 참 감사를 표하지 않을 수가 없었습니다.

강아지(은혜)도 있고, 오늘은 내 컴퓨터도 잘 하면 올 것이고, 무엇보다도 어머니의 감기가 깨끗이 나을 것입니다. 오늘은 봐서 탁구를 칩시다. 제가 돈이라도 많이 있다면 오늘 저녁은 식사를 근사하게 대접할까 했는데, 아직은 별로 제가 늙지 않아서 그러기엔 좀 이상한 것 같습니다.

오늘은 재미있는 추억 이야기를 좀 아들에게 해 주십쇼. 봐서 공주(큰아들 자취하고 있는데)가서 탁구 복식 치는 게 어떻겠습니까? 정교수님?

그리고 오늘은 가만히 '은혜' 나 쓰다듬고 계십쇼. 이영애 사모님!

설거지 걱정과 빨래 걱정은 꽉 놓으십시오!

어쨌든 좋은 날이 되시고, 항상 건강하시고 젊게 사십쇼.

어떻게 된 것이 우리 어머니, 아버님은 나이를 잡수시는데도 오히려 거꾸로 나이를 드십니까? 어머님은 점점 더 예뻐지시고, 건강해지고 계십니다. (그까짓 감기는 젊은이나 설리는 선네 나이를 거꾸로 드시니 감기에 걸리신 겁니다. 맘 푹 놓으십쇼).

아버님은 얼굴에 기름기가 좔좔 흐르시고 눈동자에 힘이 있고 점점 더 날씬해지십니까? 이게 어떻게 된 영문입니까요? 역시 "아우어 헤븐리 화더"가 우리를 너무 사랑하고 계십니다.

365일이 어버이날 같도록 노력하겠사옵나이다. 아멘!

❖ ❖ ❖

다음은 명훈이가 시편 23편을 재미있게 패러디한 시이다.

194 ♡ 멋진 남편을 만든 아내

❖ 특별선물 ❖

시편 5월 8일편

정명훈

부모님은 나의 목자시니 내가 부족함이 없으리로다.

부모님이 나를 매일 밤 따뜻한 방바닥에 누이시며

가끔씩 탁구장으로 인도하시는도다.

나의 탁구실력을 소생시키시고, 자기 아들의 건강을 위하여

유성목욕탕의 때밀이에게로 인도하시는도다.

내가 동일고 같은 끔찍한 학교를 다닐지라도 선생님들을

두려워하지 않을 것은 부모님이 나와 함께 하심이라.

어머님의 마인드와 아버지의 우압식이 나를 안위하시나이다.

부모님께서 세이 백화점의 맥도날드에서 내게 햄버거를 베푸시고

콜라까지 사주셨으니 내 배가 터지나이다.

나의 평생에 부모님의 사랑과 인자하심이 정녕 나를 따르리니

내가 앞으로도 몇 년 동안은 104동 401호에 거하리로다. 아멘.

1997년 5월 7일 밤에

사랑하는 아버지, 어머니께

오늘은 너무나도 화창한 어버이날입니다.

아버지가 지금도 교정과 교회를 오가시며 다른 사람들의 가정의 화목과 부부의 행복을 위해 일하시는 모습을 생각할 때 얼마나 자랑스러운지 모릅니다.

저는 아직도 어렸을 때 아버지와 보냈던 추억을 잊지 못합니다. 아버지는 저와 시간을 많이 못 보내주셔서 미안해 하시지만, 전 아버지가 미국 유학생활 중에 정원에서 시간을 내주셔서 배구연습을 하던 때 … 미국 가기 전에 대학교에서 퇴근하시면 아파트 앞에서 저와 축구 놀이를 해주시던 때 … 미국에서도 틈틈이 저와 탁구를 쳐 주셨던 때 … 그리고 한국에 돌아와서도 시간이 나는 대로 탁구를 같이 쳐 주셨던 때가 생생히 떠오릅니다 … 가족과 함께 여행했던 시간들도 아름다운 추억으로 기억하고 있습니다. 저는 그 시절에 얼마나 행복했는지 모릅니다.

어머니는 언제나 아끼시지 않고 저희를 위해 베풀어 주신 것이 생각납니다. 어머니가 저를 위해서 미국에 있을 때 … 정신적으로 힘들 때 힘께 위로해 주시고, 기도해 주셨던 때가 기억납니다. 태권도 도장에 항상 데려다 주시고, 바이올린 레슨 때도 항상 자동차로 충실히 데려다 주셨던 어머님의 수고를 아직도 잊지 못합니다.

지금 부모님이 너무나 사이 좋게 남을 도우면서 행복하게 사시는 모습이 너무나 감사합니다.

제가 어릴 때만 해도 부부 싸움을 말리던 기억이 나는데 … 이렇게 행복하게 사이 좋게 지내시는 것을 보니 큰아들로서 얼마나 기쁘고 안심이 되는지 모릅니다.

아버지, 어머니 언제나 평화가 넘치고 사랑이 넘치는 부부관계가 지속되기를 주님 안에서 기도드리겠습니다.

부모님을 존경하고 사랑하는 장남 지훈이가
1998년 5월 8일

자녀양육을 위해 늘 애송하는 기도문

주님!
조그마한 손들이
끊임없이
사소한 일로 나를 요구하고 있을 때
내게 인내를 주옵소서!

오 - 제게
부드러운 말과
미소짓는 눈을 주옵시고
성급하고 날카로운 대답을 하지 않도록
제 입술을 지켜 주옵소서!

피곤함과 혼동과 소음이
곧 사라질 생의 기쁨에 대한
나의 환상을 아끼지 않게 하옵소서!

그러다가 우리 집이
잠잠해질 때가 되었을 때
쓰라린 추억이
그 방을 메우지 않게 하옵소서!

정리 및 도움말

드디어 자랑스런 가정이 되다

　시작이 반이라는 말이 있다. 남편에 대해 진단이 되니까 치유가 시작되었다. 남편은 어린 시절에 가족들로부터 받은 여러 상처들을 터놓고 이야기하였고, 나는 이를 공감하며 들어주었다. 깊이 이해해 주며, 긍휼히 여기는 마음으로 실컷 대신 울어주었다.

　그런 일이 있은 뒤로부터 남편은 너무 감격해 하며 어느새 치유가 되었는지 분노가 사라져 버린 것 같았다. 그를 짓누르던 쓴뿌리가 제거된 것이다. 아니, 한 번 화를 내어도 이미 화력이 약해져 버린 꺼진 구공탄 같은 모습일 뿐이었다. 우리 가족은 이제 더 이상 화들짝 놀라거나, 무서워하지 않고, 당황하지 않게 되었다.

　사람의 인격은 쉽게 변하지 않는다. 홍해가 갈라지는 것도 기적이지만, 속사람이 치유되어 변하는 것도 기적 중의 기적이다. 나는 얼마나 많은 세월을 남편의 이해 못할 성격 때문에 좌절하고 절망했는지 모른다.

　그런데 조용한 혁명은 우리 가족에게서 일어났다. 우민정책 속에서 무엇이 어떻게 되는지도 모르던 시대에서 이제는 개화되고 계몽된 가정생활을 하면서 온 가족이 정신건강을 되찾았다. 우리는 사랑하는 가운데 진실을 말할 수 있는 투명하고 행복한 부부가 되었다.

　남편은 남편대로 자기의 할 일과 사명에 충실히 책임을 다하고 있다. 이단을 직접 경험한 배경 때문에 이단 의식화교육에 앞장서는 선지자로, 역기능 가정에서 순기능 가정을 일구어낸 배경 때문에 가정생활 세미나 강사로 분주한 나날을 보내고 있다. 수많은 강연 일정으로 전국을 누비면서도 피곤해 하지 않는다. 주님이 주신 제2의 인생이라고 믿고 뛰기 때문이다. 틈틈이 가족에게도 관심을 쏟고, 아들의 운전수 노릇도 해주면서 좋은 대화 상대가 되어 주는 모습을 보며 나는 흐뭇해하곤 한다.

▲ 개인이 치유받으니 가족 모두가 얼굴빛이 밝고 행복한 모습으로 변했다(불조심 포스터에서 1등상을 기념하며 찍은 사진).

6. 미국 유학과 치유 ♥199

"아비들아 너희 자녀를 격노케 말지니 낙심할까 함이라"(골 3:21). 이 말씀대로 남편은 아이들을 사랑과 훈계로 양육하려고 애쓰고 있다. 전에는 아이들의 기를 꺾었던 아버지가 이제는 격려하고 능력을 함양시키는 아버지가 되었다. 이젠 두 아들도 대학생과 군인이 되어 성실히 살아가고 있다.

나는 진실로 사람은 가족 구성원 앞에서 가면을 벗고 진실한 자기 자신이 될 수 있어야 한다고 믿는 사람이다. 우리는 얼마나 우리에게 안식을 제공하고 피난처가 되어야 할 가정에서 상처받고, 가면을 써야 하며, 감정을 숨기고, 자기 정체성을 상실해가고 있는지 모른다. 가정은 가족 모두에게 안식의 항구와 같은 장소가 되어야 한다. 오랜 항해와 거친 비바람을 헤치고 살다가 들어올 수 있는 평안과 안식을 제공하는 피난처이며, 때로는 높은 산과 깊은 골짜기를 돌다가 다시 충전할 수 있는 전초기지(base camp) 같은 곳 말이다. 아내는 남편을 후원하는 정서적 공급자로, 남편은 아내를 보호하는 울타리로, 자식은 그 부모에게 마땅히 할 역할을 하여 그 가족의 전통을 전수할 수 있다면 더없는 만족이다.

우리 가족에 대해 이렇게 얘기한 것은 하나님의 강권하시는 은혜를 나누고 싶은 마음에서 잠시 언급을 했다. 적어도 역기능 가정이 될 수밖에 없었던 우리 가족이 이제 순기능을 하는 가족이 되었다.

가정은 결혼했다고 해서 저절로 행복한 가정이 만들어지지 않는다. 하나님께서 짝지어 준 부부는 서로 사랑하는 법을 배워야 한다. 우리는 주님의 도우심으로 서로를 기쁘게 하고 행복하게 해주는 법을 배웠다.

　완전한 가족은 아니지만, 우리는 서로 인정해 주며 격려하게 되었고, 각자의 개성을 그대로 수용해줄 수 있게 되었다. 실수가 많았다. 서로 잘못도 많았다. 그러나 우리는 그대로 인정할 수 있게 되었다. 가치관의 차이나 오해로 싸움도 하였다. 그러나 서로의 말을 경청하고 공감해 주는 대화로 쉽게 화해하곤 했다. 덕스럽지 못한 점도 있는 것이 우리 가정의 현주소이기도 하다. 그렇기 때문에 오늘도 나는 "지혜로운 여인은 집을 세우나 미련한 계집은 자기 손으로 그 집을 허느니라"는 잠언의 말씀을 기억하며 현숙한 여인이 되기 위해 노력하며 기도하고 있다.

　나는 남편을 신뢰하고 인정하고 칭찬하며 고마움을 표현함으로 남편에게 복종하려고 노력한다. 반면에 남편은 나를 보호하고 사랑하며 대화에 공감하며 말상대가 되어 주는 일을 성실히 함으로 나를 기쁘게 하려고 노력한다. 오늘도 남편은 "아내를 사랑하고 괴롭게 하지 말라"(골 3:19)는 말씀에 순종하려고 애쓰고 있다.

추천도서

마크 시겔_ 〔화해의 기술〕. 조은숙 역. 지식의 날개, 2006.
조은숙_ 〔우리들의 거듭난 결혼이야기〕. IVP, 2006.
폴 투르니에_ 〔모험으로 사는 인생〕. 정동섭 역. IVP, 1995.

4부
변화의 열매들

7
가정사역자로 함께 사역하다

성격장애를 가진 남편에게서 내적치유가 일어나니까 자동적으로 아내인 나도 우울증과 노이로제에서 벗어나게 되었다. 지금은 나의 달란트를 따라 「가족의 정신건강을 위한 모임」인 신성회를 10년 이상 기쁘게 섬기고 있다.

그 동안 결혼생활 속에서의 어려운 과정을 통해 경험한 것을 바탕으로 가정간호사로서, 상담원으로서 수많은 개인상담을 하고 있고, 요즘엔 "가정사역 세미나" 강의와 간증집회도 종종 나가면서 하루 하루를 보람되게 살아가고 있다.

변화되기 전의 남편은 모름지기 여자의 자리는 가정이며, 가정 밖을 나가서는 절대 안 된다고 믿었던 고지식한 사람이었다. 그런데 예수님께서는 그런 남편을 "그리스도를 경외함으로 피차 복종할 수 있는"(엡 5:21) 동역자로 변화시켜 주셨다.

▲ 가정과 부부를 살리기 위해 전국의 교회와 기관을 다니면서 가정회복, 정신건강을 강조하는 저자 이영애 집사.

　나를 괴롭히기만 하던 남편이 나를 사랑해 주는 남편, 나의 달란트를 마음껏 발휘할 수 있도록 밀어주는 남편으로 변모가 되었다. 남편은 자기 자신만 알던 어린 아이에서 이젠 나를 "생명의 은혜를 함께 받을 자로 알아"(벧전 3:7) 귀히 여기고 있다. 할렐루야!
　신성회 사역은 무엇보다도 내 자신이 자원하는 심정으로 기꺼이 즐겨서 하는 일이다. 그렇지만 뒤에서 듬직하게 밀어주는 남편의 격려를 생각할 때마다 지난 날의 속박에서 풀려난 해방감 때문에 더욱 감사하게 된다.
　"거의 언제나 내가 남편을 도와 주었는데 이젠 남편이 나를 도와 주다니 …."

이제는 부부가 함께 불행 당한 이웃을 도우면서 성숙을 향하여 동역자로 살아가고 있다.

신성회를 시작한 동기

「가족의 정신건강을 위한 모임」으로 모인 신성회(新成會)는 서로 남의 어려움과 짐을 함께 나누어 지고, 기회 있을 때마다 누구에게나 친절을 베풀라는 선한 목자의 음성에 감동 받아 모임을 시작했다. "낙심하지 말고 선을 행하라. 실망도 포기도 하지 않고 꾸준히 선을 행하다 보면 복을 거둬들일 날이 올 것"이라는 주님의 격려에 위로를 받으며 모이기 시작했다. 상한 갈대와 꺼져가는 등불과 같은 심령들이 모여서 "심리적인 장애로 고생하는 분들"이 새롭게 성숙되고 치료 받기를 기원하면서 마음을 모았다.

▲ 많은 사람들을 살리고 회복하는 만남의 장소 - '신성회' 사무실 앞에 선 저자.

이 모임을 시작하게 된 동기는 나의 조카가 18세 여고생 시절에 심리적인 장애로 고통을 당했었다. 우리 가족은 그 조카를 돕기 위해 많은 수고와 고통 속에서 어떻게 할 줄 몰라 허둥대며 대처하지 못함으로써 상처와 아픔을 참아야 했다.

이 '신성회' 라는 이름도 조카 신성희를 생각하며 '새롭게 깨어나(新), 성숙한 삶을 살아가려는(成), 사람들의 모임(會)' 이라는 뜻으로 만들었다. 조카를 사랑했던 마음으로 상담정보실을 드나드는 모든 분을 동일하게 사랑하고 싶었기 때문이었다.

지금도 각처에서 말없이 보이지 않게 애쓰며 사랑의 수고를 하고 있는 많은 가족들이 있다. 이 가족들에게 질병으로 인한 악순환이 반복되지 않도록 적극 대처해 나가야 할 필요성을 절실히 느꼈다. 우리는 대안이 필요했다. 정신적인 일이라 결과도 보이지 않는 끝없는 싸움이고 투쟁의 길이지만, 이 길은 분명코 가야만 하는 길이다. 피할 수 없는 길이고, 꿋꿋하게 감당해 나가야 할 길이다.

아무리 텔레비전이나 영화, 비디오, 컴퓨터 같은 영상이 판을 치는 시대 속에 살고 있는 우리들이지만, 지금도 변함없이 우리의 정신세계를 지배하고 영향 주는 것은 역시 책이다. 책을 읽되 수많은 책 중에서 어떤 책을 읽어야 할지를 가이드하며, 생활에 적용시켜 승리한 사람들의 이야기를 보면서 좋은 책을 읽고 인격 성숙에 밑거름이 되길 기대하는 마음으로 시작을 했다.

돌이켜 보면 평범한 주부로서 책과의 만남을 통해 삶이 바뀌고, 책 읽기 운동을 10년 이상 펼칠 수 있었던 것은 소리 없이 계속 동역해 준 신성회 임원들의 수고와 주님의 인도하심이 있었기에 가능했다.

신성회 사역을 통한 열매들

신성회 사역을 통해 개인의 삶이 회복되고, 상처를 치유받은 사람들의 간증들을 소개하고자 한다.

간증 1

10여년 전, 대덕 연구단지에서 신성회 첫 모임에 참석하던 날이었다. 나는 지금까지의 외로운 싸움이 머지 않아 끝나리라는 것을 예감할 수 있었다.

그 때까지의 내 삶은 원치 않는 힘에 이끌려 살고 있다는 느낌으로 가득 차 있었다. 대학도, 결혼도, 부모님의 뜻에 따라 결정하였던 나에게 기다리고 있던 것은 아내와 어머니로서의 의무감밖에 없었다. 하루하루의 삶은 다만 그렇게 해야 하는 일뿐, 내가 원하는 삶이 무엇인지에 대해서는 아무도 묻지 않았고, 또 그것을 알 필요도 없다고 생각되었다.

그런 내가 신성회 첫 모임에서 자기 소개를 하게 될 때 얼마나 내 이름이 낯설었던지 …. 그리고 내 자신에 대해 얼마나 할 말이 없었던지 ….

나는 부끄러웠고 또 창피하였다.

그러나 이십 명에 가까운 사람들이 내 이야기에 귀를 기울이고 있다는 사실이 내게는 너무나 새롭고 흥분되는 경험이었다.

나는 어려서부터 책을 좋아했기 때문에 신성회에서 추천해 주는 책을 읽고 소감을 말할 기회를 갖게 된 것이 정말 기뻤다. 다만 내 생각과 느낌을 이야기하기 위해 한 달을 기다려야 하는 일이 오히려 힘들었다.

　처음 읽었던 책은 스캇 펙의 「끝나지 않은 길」이었다. 이 책을 읽으면서 나는 얼마나 많은 대목을 읽고 또 읽으며 행복해했던가! 이 책에 나오는 사랑의 정의(우리 신성회 회원 모두가 잘 알고 있는 내용이다)는 지금까지 의무감의 무거운 짐을 지고 허덕이던 나의 정신을 한방에 완전히 해방시켜 주었다. 스캇 펙에 따르면, 사랑이란 자신과 타인의 정신적 성장을 위해 자기 자신을 확대시키려는 의도이다. 다시 말해 사랑은 타인을 향한 것인 동시에 자기 자신을 향한 것이 되어야 한다는 말이다.

　내가 이 구절에서 발견한 가장 중요한 사실은 지금까지 내가 한 번도 내 자신을 제대로 사랑한 적이 없다는 것이었다. 나는 이제까지 한 번도 내 자신이 진정으로 원하는 것이 무엇인지 자문해 본 적이 없었다. 내 삶은 이렇게 살면 행복할 것이라는 각본에 의해 강요된 삶이었다.

　그 당시에도 나는 진실한 그리스도인이었다. 그랬기 때문에 내가 부모님의 뜻에 순종한 것이나, 주님의 뜻을 구하였던 것을 실수라고 말할 수는 없다. 그러나 잘못된 일은 나의 자유로운 의지의 행사로 그렇게 하지 않은 데 있었다.

　또 내가 발견한 것은 나도 성장할 수 있고 또 성장해야만 한다는 사실이었다.

　'나는 지금보다 더 멋진 사람이 될 수 있다. 나의 성장은 멈춘 것이 아니다.'

　나에게 이런 깨달음이 오자 문자 그대로 내 정신이 한층 성장하게 되었다.

　이 책에서 나는 '사랑'이란 주기만 하는 것이 아니라 때로는 거두어들이며, 긍정만 하는 것이 아니라 거절하는 것도 사랑일 수 있음을 배웠다.

　도움을 받은 수많은 책들을 다 열거할 수는 없다. 그러나 그 책들은 내가 무엇을 원하는지를 물어주는 진정한 나의 친구가 되어 주었다.

　이렇게 좋은 책을 읽고 모임에 나가면 나와 아주 비슷한 소감을 얘기하는 사람들이 언제나 한 두 명은 있었다. 나만이 별종은 아니라는 안도감, 저 사람도 지금 나와 같은 심정으로 살고 있구나 라는 동지애가 모임에 대한 애착을 갈수록 강하게 해주었다. 그래서 신성회 독서모임은 내가 세상에서 경험해 본 것 중 가장 자유로운 시간이 되었다.

　독서모임은 나를 내 자신이 되게 만들어 주었다. 누구처럼 되려고 애쓰지 않아도 되었고, 비난을 두려워하지 않아도 되었다. 왜냐하면 우리 모두는 기본적으로 불완전하고 허물이 많지만, 동시에 완전을 향하여 '되어 가는 존재'라는 사실을 집단 전체가 받아들이고 있었기 때문이다.

　신성회 책들과 신성회에서 만난 사람들은 나의 정신과 정서를 성장시켜 주었다. 책을 읽는 것만으로는 충분치 않았다. 책의 내용이 나의 인지와 정서를 통과한 후 나의 입을 통해 발설되면, 다른 사람들의 반응으로 말미암아 내 느낌에 대해 확신이 생기게 된다. 그러면 그 때서야 저자의 말이 나의 말이 되는 것이다.

독서그룹의 무조건적 수용과 지지를 경험한 나는 나날이 자유롭고 강한 사람으로 바뀌어 갔다. 아이를 양육하는 데 있어서 그 때까지는 전적으로 허용적이기만 하였을 뿐 훈육의 필요성도, 방법도 알지 못했었다. 자녀교육에 관한 책을 읽으면서 구체적인 방법을 배워 그대로 실행해 보았다. 결과는 성공과 실패가 반반이었지만 그 어떠한 시도도 해보지 않고 걱정만 하던 과거의 내 모습보다는 훨씬 희망적인 삶이었다.

남편과의 관계에 있어서는 필요 이상으로 남편을 두려워하던 마음이 변하여 내 주장을 내세울 수 있게 되었다. 그 결과 남편도 나의 의견을 존중하게 되었고 비난과 불평 일색이었던 우리 부부의 대화 속에 감사와 사과의 말들이 자연스럽게 자리잡게 되었다.

착한 여자로서의 거짓된 정체감을 가지고 참 나를 잃어버린 채 타인의 기대에만 부응하는 삶을 살던 내가 신성회의 책들을 통해 한 사람의 개별적 인간으로 거듭났던 것이다.

이제는 더 이상 착한 여자인 척 할 필요가 없다는 것, 완전해지려고 애쓰지 않아도 지금 이대로 나는 소중한 사람이라는 것, 설사 타인의 인정을 받지 못하더라도 내 느낌이나 의견은 그 자체로 가치 있다는 것, 내가 행복해질 때 내 남편도, 자녀도 행복해질 수 있다는 것, 때로는 'No'라고 하는 것이 진정한 사랑의 행위가 될 수 있다는 것 … 이밖에도 책을 통하여 내가 깨달은 것들은 너무나 많다.

현재 나는 신성회와 생명의 전화, 청소년 쉼터에서 상담을 하고 있고, 대학원 석사논문을 막 마쳤다. 그러나 이러한 나의 활동 경력들보다 더 중요한 것은 나와 내 가족이 몰라보게 건강해졌다는 사실이다.

이소라(신성회 간사)

⚜ 간증 2 ⚜

40여년 동안 살아 온 인생 가운데 두 번의 큰 계기가 있었다. 첫 번째는 성경책을 통한 하나님과의 만남이었고, 두 번째는 신성회를 통한 책과의 만남이었다. 30대 초반 무렵, 그 동안 쌓여왔던 문제들이 주체할 수 없는 큰 분노와 고통이 되어 도저히 견딜 수 없는 상태가 되었다. 남편과의 깊은 갈등, 상처, 아주 친밀하게 지내던 사람들과의 불화, 떨어질 수 없을 만큼 밑바닥으로 떨어진 열등감, 나는 내가 어떤 사람인지에 대한 의문과 회의로 가득찼다.

그러던 중 어떤 사람의 소개로 신성회를 알게 되어 참여해 보았는데 참 특이한 모임이었다. 책을 읽은 내용을 나누며 서로의 어려움도 얘기하는, 공감과 격려가 있는 곳이었다. 단지 책을 읽는 모임인데 그런 분위기를 낼 수 있다는 것이 신기했다. 나는 그 때까지도 아무에게 내 얘기를 하고 싶지 않은 상태였다. 그런데 그 모임에서는 어느 누구도 나에게 그것을 강요하는 사람이 없었고 보호받는 가운데 책과 그곳에 모인 사람들이 나누는 자신들의 문제와 고통과 해결들을 들으며 많은 도움을 받았다. 책은 나의 그런 상태와 마음을 존중해 주며, 나에게 가장 좋은 친구가 되어 주었다.

스스로 책읽기를 어려워했던 나에게 신성회의 책 읽는 모임은 수년 동안 지속적으로 책 읽는 것을 도와 주었고, 신성회 친구들의 조용한 도움은 나에게 큰 변화와 성장을 가져다 주었다. 자존감의 놀라운 성장, 하나님과의 깊은 친밀감, 상처를 준 사람들에 대한 용서와 이해, 그리고 그들과 새로운 차원으로의 관계회복과 성장, 깊은 인간 이해 등 다 열거할 수 없을 정도로 많은 것을 얻었다.

몇 년 전부터 그 은혜를 갚을 길이 열렸는데 그 독서그룹을 내가 인도하게 되었다. 요즘도 나와 같은 사람들을 만난다. 책을 통해, 그리고 책을 통해 변화받은 사람들을 통해 조용히 자신의 문제를 해결해 가기 원하는 사람들 말이다.

독서그룹에는 평생 가야 만나보기 어려운 훌륭한 사람들과 개인적으로 만나 나의 문제와 고통을 털어놓을 수 있는 기회가 있다. 그들의 전문적인 조언과 깊은 공감과 탁월한 관점을 거저 가져 간다. 폴 트루니에, 찰스 셀, 데이빗 씨맨즈, 팀 라헤이, 고든 맥도날드….

책으로도 훌륭하지만 하나님의 사랑과 만지심이 있어 생명력을 불어넣어 주므로 상처받은 영혼을 소생시키며, 회복시키고 더 나아가 성장하는데 기여하는 독서그룹으로 사랑받기를 원한다.

노현미(신성회 독서모임 인도자)

신성회에서 하는 사역

신성회 상담정보실을 운영하면서 나는 누구보다 많은 사람들을 만나 우리의 삶을 나누었다. 꼭 상담자의 입장에서가 아니었다. 심리적인 장애를 가졌던 나의 사랑하는 조카를 대하듯 사랑으로 돌보기를 원했다.

    신성회를 인도해 온 10년 동안 나는 무척이나 많이 울었다. 각 사람의 사연이 그렇게도 애절할 수 없었다. 때로는 대신 싸워주고 싶은 충동마저도 느꼈다. 역기능 가정에서 성장하면서 피해자였던 성인아이 남편이나 아내들이 이젠 가해자로 변하여 상대 배우자에게 쓴뿌리의 독을 마음껏 뿜어내었다. 그럴 때면, 나는 그들을 이혼시키고 대신 살아 주고 싶은 충동을 느끼는 경우가 많았다. 얼마나 많은 자제가 필요했는지 모른다.

    현재 우리나라에서 가장 크게 문제가 되고 있는 것은 우울증을 비롯한 각종 신경증세, 의처증, 의부증세로 나타나는 성격장애(인격혼

▲ 신성회의 사역 중 저자가 사람들을 가르쳐 세우는 사역이 전국적으로 확산되고 있다.

7. 가정사역자로 함께 사역하다 ♥215

란), 현실감각을 상실할 정도로 정신건강이 악화된 정신분열증, 알코올중독을 비롯한 일중독 등이다.

신성회 회원 중에 신경증적 우울증을 가볍게 겪고 있는 분들이 많았다. 그들이 독서모임에 참여하면서 사람도 만나고, 책도 읽으면서 상태가 좋아졌다. 고인 물이 순환 되듯이 자기들이 속한 그룹에서 자신의 감정의 찌꺼기를 한동안 내어놓았다.

"마음이 한결 가벼워지고 울적한 감정이 나도 모르게 없어졌어요."
라고 고백했다.

어떤 여자분은 종교중독증에 빠져서 집안 살림은 거의 돌보지 않고 교회 일만 열심히 하였다. 급기야 그분 남편이 모임장소에 와서는 고함을 치며 분노를 터트렸다.

"애들 엄마를 빼앗아가는 교회는 다 불살라 버려야 한다."

그러나 모임에 계속 나오더니 그 여자분은 자기의 종교중독의 원인을 스스로 진단하고 나서 자신의 율법적인 교회생활을 정리하였다. 지금은 은혜로운 교회에서 하나님의 사랑에 감사하고 예배드리는 균형 있는 신앙생활을 하는 집사가 되었다. 얼마나 감사한 일인지 모른다.

신성회는 모든 문제를 해결해 주는 단체가 아니다. 하지만 정신건강 문제로 시달리고 있는 가족을 위로하고 보살피고, 심리장애자를 둔 가족에게 그들이 도움을 받을 수 있는 전문가나 단체를 소개하려는 목적에서 모임을 갖고 있다.

그러나 무엇보다 우리는 예방교육에 역점을 두고 활동하고 있다. 그 중에서 가정생활과 정신건강에 도움이 될 만한 정보물을 공급한다.

전문가가 추천한 선정도서와 정신과 의사나 심리학자들의 세미나 테이프가 포함된다. 정보 홍수시대에 사는 현대인들에게 읽을 책과 테이프를 선별해서 추천해 주고 우송까지 해 주는 신성회 사역은 한 마디로 사랑의 사역이다.

그 동안 전문 상담자들이 많지 않아서, 신성회 사역은 꾸준히 일이 많았다. 그러나 이제 상담자 자격증 시대가 와서 유능한 상담자가 준비되어 있다. 얼마나 다행한 일인가! 정신적으로 심하게 손상된 사람은 정신과 전문의사의 몫이다. 상담 차원에서 돌볼 사람이 있고, 전문의의 도움이 필요한 사람이 있다.

그 동안의 상담사례는 「책읽기를 통한 치유」(홍성사, 02-333-5161)의 내용을 참조하라. 읽어야 할 책의 도서목록도 그 책의 4부에 상세히 분류해 놓았으니 필요한 분은 그 책을 참고하기 바란다. 그 책의 도서목록에 소개된 책들을 구입하고자 원하는 분도 신성회를 통해 구입할 수 있으며 책을 우송해 드린다.

신성회 추천 도서목록

▶ 정신건강에 대한 책
《 나누고 싶은 이야기 》, 김진 지음, 생명의 말씀사
《 그리스도인은 인간을 어떻게 이해해야 하는가 》, 김진, 생명의 말씀사
《 왜 사랑하기를 두려워하는가 》, 존 포웰, 이동진 역, 자유문학사
《 아직도 가야 할 길 》, 스코트 펙 지음, 열음사
▶ 내적치유에 대한 책
《 상한 감정의 치유 》, 데이빗 씨멘즈 지음, 두란노서원

《치유하시는 은혜》, 데이빗 씨멘즈 지음, 두란노서원
《상한 감정과 억압된 기억의 치유》, 데이빗 씨멘즈, 죠이선교회
《편견을 깨뜨리는 내적치유》, 윌리엄 바커스, 예찬사
《강자와 약자》, 폴 투르니에, IVP

▶ 상담과 심리학에 대한 책
《강자와 약자》, 폴 투르니에, IVP
《훌륭한 상담자》, 게리 콜린스, 말씀사
《폴 토우르니에의 기독교 심리학》, 게리 콜린스, IVP

▶ 성인아이와 알코올중독 가족에 대한 책
《부모를 용서하기 나를 용서하기》, 데이빗 스톱·제임스 매스텔러, 예수전도단
《몸에 밴 어린시절》, 휴 미실다인, 가톨릭출판사
《아직도 물지 않은 마음의 상처》, 찰스 셀, 두란노
《위장된 분노의 치유》, 최현주, 규장
《하나님께 바로서기》, 브루스 리치필드, 예수전도단
《술 권하는 사회 술에 먹힌 사람》, 이영국, 예영커뮤니케이션

▶ 외도와 성문제에 대한 책
《왜 하나님은 성을 만드셨나》, 바링톤 버렐, 말씀의 집
《올바른 삶을 위한 성》, 루이스 스미스, 나비
《즐거움을 위한 성》, 휘트, IVP
《화성남자 금성여자의 침실 가꾸기》, 존 그레이, 친구

▶ 대인관계(대화) 향상을 위한 책
《대화의 길잡이》, 존 포웰, 분도출판사
《왜 나 자신을 밝히기를 두려워하는가》, 존 포웰, 보이스사

《사랑과 우정의 신비》, 알렌 로이 맥기니스, 컨콜디아사

▶ 행복한 가정을 위한 책

《결혼 : 남편과 아내 이렇게 사랑해라》, 레스 페로토 3세, 요단

《축복하면서 사랑하면서》, 게리 스몰리 · 존 트렌드, 예찬사

《서로를 이해하기 위하여》, 폴 투르니에, IVP

《행복한 부부대화의 열쇠》, 노만 라이트, 두란노

▶ 부모역할과 자녀교육에 대한 책

《성숙한 부모 유능한 교사》, 연문희, 양서원

《행복한 가정을 일구는 자녀와의 대화술》, 삼승

《이 시대를 사는 따뜻한 부모들의 이야기》, 이민정, 김영사

《내 아이 왜 이럴까》, 노만 라이트, 죠이선교회

《자신감 있는 자녀로 키우자》, 제임스 돕슨, 에스라서원

* email 주소 : yalee51@hanmail.net(주문자의 주소와 전화번호를 잘 입력하세요) www.sshbook.or.kr
* 사무실 전화번호 : 042-255-1988(전화번호를 두 번 천천히 녹음하세요)
* 송금방법은 책을 우송할 때 동봉한 지로용지로 입금하시면 됩니다.
* 국민은행 : 480-21-0088-439(이영애)

신성회 회원이 되려면

1차로 먼저 전화(042-221-1513)로 인터뷰를 하게 된다. 간단한 상담을 통해서 본인에게 어떤 문제가 있는지를 얘기해 주면, 가능한 선에서 상담정보를 제공하게 된다. 일반적으로 독서요법을 통해서 도움을 드리게 되는데, 일정한 회비(세 달에 한 번 3만 5천원)를 납부하면

▲ 신성회 독서모임을 인도하는 저자.

그 회비 한도 내에서 책을 세 권씩(세 달에 한 번) 우송해 드린다.
　신성회 회원을 위한 독서모임은 매주 목요일마다 모인다(오전 10시~오후 1시까지): 현재는 세 그룹 모임

　　★ **전문과정**은 매월 첫째주 월요일에 "성인아이들을 위한 지원그룹"으로 모인다(오전 10시~12시)

　　★ **기초과정**은 매월 셋째주에 "기초반의 독서모임"으로 모인다 (오전 10시~12시)

　　★ **연구과정**은 매월 넷째주에 "연구반의 독서모임"으로 모인다 (오전 10시~12시)

　　★ **서울 신성회 연락처** : 문의 016-9499-7253
　　　푸른 초장 서울 상담센터, 서울 기초반/전문반/직장인반 모임

(*참고:장소는 대전의 호수돈 여고 앞에 있는 현대아파트 앞에서 하차하시어, 아파트 바로 옆에 있는 교회 앞까지 오시면 신성회 상담 정보실(전화 042-255-1988)이 보인다. 기타 문의할 사항이 있으신 분들은 음성 메시지로 전화번호를 두 번 천천히 녹음해 주시면 차례로 답을 드린다).

저는 처음에 이 신성회 모임을 시작할 때 스캇 펙이 한 말에 힘을 얻어 모임을 주선했다.

"그리스도 안에서 자신을 사랑하는 사람만이 진정으로 다른 사람을 사랑할 수 있다. 나는 사랑을 이같이 정의한다. 즉 '자기 자신이나 혹은 타인의 정신적 성장을 보양해 줄 목적으로 자기 자신을 확대시켜 나가려는 의도'라고 하겠다." - M. 스캇 펙(정신과 의사 : 「아직도 가야 할 길」의 저자)

독서모임을 통해서 얻을 수 있는 유익한 점

✻ 우선 상담자에게 내담자 입장에서가 아니고 자연스럽게 접근할 수 있는 인격적인 접근방법이다.
✻ 문제와 갈등에 대한 진단이 용이하다.
✻ 독서모임이 소그룹 상담의 기회를 주기 때문에 감정처리를 할 수 있다.
✻ 모임이 지원그룹의 역할을 해 주기 때문에 순기능 가정을 경험할 수 있게 된다.
✻ 서로 거울노릇을 해 주면서 인간 이해의 폭이 넓어질 수 있다.
✻ 모임에서 인간관계를 증진시키면서 감성지수(EQ)를(인격성숙

을 향해) 발전시킬 수 있다.
* 의사표현 기술이 향상되어 발표력과 언어 표현력이 좋아진다.
* 일반 상담실의 비싼 상담료에 비해서 책값 비용이 저렴하기 때문에 아주 경제적이다.
* 마음의 정원에 세계관의 변화를 경험하게 해준다.
* 취미생활로서의 즐거움을 누릴 수 있다.

정리 및 도움말

정신건강의 3단계

정신건강에는 3단계가 있다. 정신건강의 1단계는 자기 인식이다. 자신의 약점과 장점을 객관적으로 진단해서 자기를 이해하는 것이다.

2단계는 자기 수용이다. 자신의 문제점을 그대로 수용하는 결단의 단계로서, 하나님이 나를 사랑하신다는 것을 체험적으로 느낄 때 자기 용납을 할 수 있게 된다.

마지막 3단계는 자기 표현이다. 자기 자신과 평화를 이루는 단계로, 자기 개방은 필요에 따라 다른 사람을 위로하기 위해서 자신을 표현하는 것이다.

정신건강의 두 요소

정신건강은 두 가지 요소, 즉 적응과 자기 실현으로 이루어진다.

적응이란 생존을 위해서 환경에 맞춰 환경을 변화시켜 나가는 것이며, 적응에는 적극적인 적응과 소극적인 적응이 있다. 적극적인 적응은 환경조건을 자신에게 맞도록 변화시키는 것이며, 소극적인 적응은 외부 환경에 맞게 자신을 변화시키는 것이다.

자기 실현 혹은 성장이란 환경과 잘 지내는 것을 포함한 자신의 잠재력을 개발하여 자율성과 책임감을 갖고 타인을 사려 깊게 고려할 수 있는 상태이다.

전인격적으로 건강한 사람에 대한 성서적 관점

첫째, 자신과 타인에 대한 현실적이고 객관적인 평가를 한다(고전 12:14-25).

둘째, 자신과 타인을 있는 그대로 용납한다(마 22:39).

셋째, 장기적인 목표를 가지고 현재의 생활에 충실한다(고후 5:9-10)

넷째, 스스로 선택한 가치관과 세계관을 가지고 산다(수 24:15).

다섯째, 매일의 생활에서 자신의 은사를 개발하여 삶의 문제에 적용한다(엡 4:7).

폴 투르니에의 인성개발에 필요한 네 가지 경험

인성을 개발하는 데에는 네 가지 경험을 필요로 한다.

첫째, 사랑을 통해서 인성이 개발되고,

둘째, 고통을 경험하면서 인성이 개발되고,

셋째, 동일시를 통하여 인성이 개발되고,

넷째, 적응을 하면서 인성이 개발된다.

심리장애의 분류

신경증(노이로제)에는 불안, 공포, 강박충동성 등의 신경증이 있다.

정신장애로는 우울증, 조증, 조울증, 자살이 있다.

성격장애(성격혼란)에는 편집증(의처증, 의부증), 과대망상, 피해망상 등이 있다.

정신분열증은 환청, 환각 작용이 나타나며 귀신들림과는 다르다.

신체형장애에는 전환 히스테리나 심인성 고통장애가 있다.

알코올중독과 약물중독이 있다.

아동, 청소년기에 나타나는 심리장애로는 지능장애, 발달장애, 행동장애, 정서장애 등이 있다.

습관성 기능장애로는 야뇨증, 말더듬증, 신경성 식욕상실증 등이 있다.

정신장애에 대한 사전적 정의

정신장애란 자신의 질환을 인정하는 것을 거부하면서도 실제로는 자신의 일을 처리하지 못하거나 사회적 임무를 수행하지 못하는 것을 말한다.

심인성 질환 또는 정신신체증상

마음의 갈등을 해소하지 못해서 생기는 질환으로 고혈압, 편두통, 당뇨병, 위장병, 습진, 근육 경련, 신체 떨림, 관절염, 구토, 심장병, 맥박 이상, 우울증, 피곤증, 자신감 결여, 자살 충동, 천식, 귀나 눈의 이상 상태 등이 있다.

스트레스

스트레스란 외부적인 자극이나 내적인 갈등으로 인하여, 다시 말해 몸과 마음에 가해지는 지나친 요구로 인하여 심신의 균형이 깨어진 상태를 일컫는다. 스트레스의 원인에는 욕구가 좌절되거나, 마음의 갈등, 목표에 대한 압박감, 예측할 수 없는 경우에 불안해지는 것이다. 스트레스가 발전하면 처음에는 경보반응이 있고, 그 다음에는 저항단계를 거쳐, 탈진하게 된다.

탈진

탈진이란 자기가 헌신했던 일들이(삶의 문제에서나, 인간관계에서나, 목표했던 일에서) 예상했던 대로 이루어지지 않는 데서 오는 피로나 좌절의 상태로, 건물이 전소되거나 산불이 나 다 타서 없어져 버리듯이 에너지가 고갈된 상태를 말한다. 사람들을 위해 경청하거나 돌보는 능력을 전부 사용했기 때문에 발생한다.

탈진의 결과는 정신신체질환이 나타나거나 정신적 고갈, 즉 초조, 숨이 막힘, 반론이나 불평으로 인해 말이 많아진다. 매사에 냉소적인 사람이 되어 기도나 묵상생활이 어렵고, 일을 쉽게 포기하게 된다. 환멸(우울한 기분, 눈의 피로, 사소한 일에 화가 남)과 자기 비하(쉽게 피로를 느끼고, 말 수가 적고, 성생활에 관심이 없다)에 빠지게 된다.

내적치유의 정의

"기억의 치유", "과거 상처의 치유", "상한 감정의 치유"를 일컫는다.

아픔의 근본 원인을 제거하고 하나님의 사랑과 생명으로 채우는 과정이다.

치유의 종류로는 영의 치유, 내적치유, 관계치유, 귀신들림의 치유, 몸의 치유 등이 있다.

내적치유의 3단계

내적치유에는 첫번째로 고통을 먼저 직면하는 단계가 있고, 두번째로 고통의 의미를 재해석하는 단계를 거쳐, 마지막으로 가해자를 용서하고 분노를 해소하는 과정을 거친다.

치유에 대한 네 가지 입장

첫째, 모든 질병은 과학적 치료방법을 통해서만 치료되어야 한다. 기도는 미신적 행위라고 생각하는 입장이 있다.

둘째, 모든 질병의 원인을 귀신들림에 두고, 축사의 방법을 통해서만 병을 고칠 수 있다고 생각하는 입장이다.

셋째, 기도와 의학적 치료는 서로 상반된다. 의학적 치료는 세상적 치료 수단이기 때문에 기도를 통해서만 병을 치료해야 한다는 생각이다.

넷째, 심리역동적으로 이해하여 정서적 처리과정을 거쳐 통합적으로 치유한다는 입장이 있다.

사람을 변화시키는 세 가지 접근

도덕적인 접근은 영적 접근으로서 "인간의 문제는 무엇인가?"라는 문제의 본질을 죄로 규정하여 의지적인 회개를 문제의 해답으로 본다. 따라서 의지적인 결단으로 문제행동을 제거하려는 시도이다.

심리역동적인 접근은 의료적인 접근으로서 "인간은 어떤 존재인가?"라는 문제를 병이라 보고 상처를 치유해야 한다는 시도이다.

관계적인 접근은 상담적 접근으로서 "인간을 어떻게 대할 것인가?"라는 문제를 소외감으로 보고 사랑하고 격려함으로써 외로움을 제거하려는 시도이다.

자존감

자존감은 사람이 자기 자신에 대하여 갖고 있는 태도로서 자신에 대한 전체적인 판단이나 평가를 말한다. 이것은 자기가치에 대한 주관적 평가인데 자신에 대해 얼마나 가치 있고, 유능하며 중요한가의 정도를 나타낸다. 따라서 자존감은 소속감과 가치감, 능력감, 윤리감으로 구성되어 있다.

낮은 자존감의 증상들

낮은 자존감(열등감)은 대인관계에서 자신감이 없고, 방어적이거나 적대감을 많이 갖는다. 비판을 잘 하고 쉽게 상처를 받는다. 또 불안해하고 수줍어하며 자기가 움츠러들지 않으면 공격적으로 된다. 자칫 주어진 현실을 부정하고, 비행 청소년이 되기가 쉽다. 그렇지만 다른 한편으론 이런 열등감을 보상하기 위해 성공하는 사람들도 많이 있다. 나의 남편도 이 경우에 해당한다.

상담에 대한 정보

상담이란 문제를 가지고 있는 내담자와 그 문제가 잘 해결되도록 도와주는 자와의 상호작용을 말한다. 또 상담은 덜 아픈 사람이 더 아픈 사람을 도와주는 과정이라고 정의한 사람도 있다. 상담에는 신학적인 배경과 심리학적인 이해와 영성이 필요하다.

상담의 목표는 지금 상태보다 더 성숙을 위하여, 그리고 특수한 환경 속에서 즉각적인 순종과 장기적인 안목에 있어 인격의 성장에 두고 있다.

게리 콜린스에 의하면, 상담은 내담자의 행동, 태도와 가치관을 변화시키는 것을 목표로 하며, 이것을 가능하게 하려면 내담자를 인격적으로 대우하고, 친밀감이 형성되어야 한다. 사교술, 감정 표현, 지원, 책임감, 영적 성장, 내적자원이 동원되어야 하는 것이다.

상담시에 고려할 점은 상담자 자신이 자기 자신을 잘 돌보면서, 자신의 경계선을 설정하고 임해야 하며, 자신의 욕구 충족을 위해서 내담자를 이용하지 말아야 한다. 이성간의 상담은 너무 친밀한 관계가 되는 것을 피해야 한다. 반드시 양쪽의 이야기를 들어보아야 하며, 내담자의 모든 문제를 상담자가 다 해결할 수 없다는 것을 인식해야 한다. 긍정적인 면을 강화(소망과 비전을 제시, 격려, 반응)시키고, 기독교적인 가치관을 잃지 말아야 한다. 하나님께 물어 가면서 대담(회개, 용서, 축복, 기도)하고, 예수님의 인격과 사람을 이해하는 가운데 관계를 맺도록 측면에서 지원한다.

내담자를 이해하기 위해 고려해야 할 점은 먼저 인간의 욕구인 개인의 가치와 중요성, 안정감의 욕구를 알아야 한다.

둘째로는 인간의 행동 동기, 즉 정체감과 친밀감의 문제를 이해하고, 거절에 대한 두려움과 수치심, 죄책감을 알아야 한다. 알코올중독, 섭식장애, 우울증, 관계중독, 스트레스장애, 충동적 행동 등에 대한 시각을 고려하면서 내담자를 대해야 한다.

추천도서

옥한흠_〔고통에는 뜻이 있다〕. 두란노, 2000.
조지 베일런트_〔성공적 삶의 심리학〕. 한성열 역. 나남출판, 2003.
폴 투르니에_〔고통보다 깊은 …〕. IVP, 2005.

8. 가정생활과 정신건강

> 한 심령을 온 천하보다 귀히 여기게 하소서.
> 갇힌 자들을 마음에 두게 하소서.
> 병든 자들을 마음에 두게 하소서.
> 죽음의 길에 있는 자들을 마음에 두게 하소서.
> 세상이 모른다고 하는 자들을 마음에 두게 하소서.
> 세상에 버림당한 이들을 마음에 두게 하소서.
> 마음에 둔 모든 것들을 기도하게 하소서.
> 이성이 신앙보다 앞서지 말게 하시고.
> 신앙이 이성의 시녀가 되지 말게 하소서.

내가 좋아하는 일종의 기도시이다.

"우리 강한 자가 마땅히 연약한 자의 약점을 담당하고 자기를 기쁘게 하지 아니할 것이라 우리 각 사람이 이웃을 기쁘게 하되 선을 이루고 덕을 세우도록 할지니라"(롬 15:1-2).

일반적으로 세상 사람들은 강한 자가 연약한 자를 부리고, 힘을 휘두르는 것은 흔히 있는 일이다. 그런데 앞의 성경 본문에서 하나님을 믿는 성도는 강한 자가 연약한 자의 약점을 담당하고 자기를 기쁘게 하지 아니할 것이라고 했다. 또한 이웃을 기쁘게 하면서 선을 이루고 덕을 세우라고 권고하신 것을 볼 수 있다.

그런데 문제는 속사람이 건강해야만 연약한 사람을 도울 수 있다는 것이다. 강한 자가 연약한 자의 약점을 담당하고, 이기적으로 살지 말라는 말씀도 된다.

누가 건강한 사람인가

정신이 건강한 사람이란 건전한 성격을 가진 사람을 말한다. 건강한 자는 어떤 사람을 말하는가.

첫 번째로 대인관계가 원만한 사람으로서, 자신이나 다른 사람의 과실을 잘 수용할 줄 아는 사람이다.

두 번째로 정서적으로 안정되어 있으며 감정적으로 만족감을 누리고 있는 사람이다.

세 번째로는 기능적으로 자신이 하는 일을 잘 감당하며 즐겨 하는 사람이다.

대인관계가 원만한 사람

건강한 사람은 첫 번째로, 대인관계가 원만한 사람이다. 대인관계가 원만한 사람은 다른 사람과의 관계도 좋다는 것을 남들은 물론이거니와, 집에 들어와서 아내와 자식과도 좋은 관계를 누리는 사람이 되어야 한다. 밖에서는 양처럼 착하면서도 집에 들어와선 밖에서와는 달리 돌변하는 사람이 있다. 가장 잘 대해야 할 가족들에게는 자기의 나쁜 성질 다 내보이고 살게 마련이다. 남들은 속일 수가 있다. 그러나 함께 사는 가족들을 괴롭게 하고, 자기의 욕구만 채우는 성숙치 못한 사람들이 지금도 주변에 많이 있다.

그런데 대인관계를 너무 복잡하게 생각하지 말라. 특별한 분들이나 목사님 내외분이나 사람을 많이 접하는 사람들이 있다. 그런 분들을 빼놓고 평범한 사람들은 결국 한 사람만 사랑하면 된다. 한 사람과의 대인관계가 좋으면 이 땅에서의 생활이 다 훈훈해지기 때문이다. 전도서에 이런 말씀이 있다.

"네 헛된 평생의 모든 날 곧 하나님이 해 아래서 네게 주신 모든 헛된 날에 네 사랑하는 아내와 함께 즐겁게 살지어다 이는 네가 일평생에 해 아래서 수고하고 얻은 분복이니라"(전 9:9).

일생을 다 살고 얻는 보상이 아내와 즐겁게 사는 것이라고 했다. 아이들이 자라서 결혼하여 다 우리 곁을 떠나고 나면 결국 부부 두 사람만 남게 된다.

내가 미국에서 남편과 4년 유학하면서도 그곳에 남아서 살고 싶은 생각이 없었던 것은 내가 한국을 사랑한 민족주의자이기 때문이 아니고 우리 언니들과의 관계가 유독 좋기 때문이었다. 내가 네 번째 딸로서 언니 셋, 남동생 여동생 이렇게 여섯인데, 딸 다섯 명이 그렇게 우애가 좋다. 언니들과의 그 끈끈한 정 때문에 미국에 살고 싶은 생각이 하나도 없었다. 지금도 언니들과 가끔 여행을 다니는데 "아하! 사람이란 내 남편과 관계가 좋고, 사랑하는 사람이 주변에 몇 사람이라도 있을 때 이 넓은 우주가 훈훈해지는 것이구나" 라고 느끼곤 한다.

우리의 교회생활이 훈훈하게 느껴지는 것은 무엇 때문인가? 결국은 집사님들 몇 사람과 인간관계가 좋기 때문에 교회가 따뜻하다고 느껴지는 것이다. 내가 6, 7천명 되는 큰 교회에 다니지만 구역식구 일곱 식구와 잘 지내며 교회생활하는 것이다. 7천명 가량 되는 전교인들을 다 모른다. 설령 우리 교회가 1백명 되는 교회일지라도 내가 관객이 될 수가 있다. 교회가 크건 작건 간에 그룹에서 그 몇 사람과 끈끈한 정을 주고받으면서 좋은 인간관계를 누리며 사는 것이 중요하다. 물을 주고 관리를 잘 해야 한다. 특히 사랑하는 가족들과는 더더욱 그렇지 않은가?

정서적으로 안정된 사람

건강한 사람은 두 번째로, 정서적으로 안정된 사람이다. 정서적으로 안정되어 있고 감정적으로 만족감을 누리는 사람은 자기 자신과의 관계가 무엇보다 좋다. 자기 자신이 지금 이유 없이 짜증나고 욕구불만이고, 뭔가 기분이 나쁘고, 저 물건이 왜 저기 있을까 하면서 기분이 상해 있는 분들이 있는가?

그것은 자신의 속사람이 지금 편하지 않아서 그렇다. 그런 사람들은 불평불만이 많다.

"다 너 때문이다"라고 늘 말하는 사람은 조금 생각해 볼 필요가 있다. 먼저 자기 자신과 화평하고 감정적으로 만족한 사람이 남에게도 편안함을 전달할 수가 있다. 사랑할 줄 아는 사람은 그 작은 사랑의 불씨가 자기 속에 있어서 그것이 타오를 때 남을 사랑할 수 있는 것이다. 내가 꺼진 난로인데, 어찌 남을 덥게 할 수 있겠는가? 먼저 정신적으로 건강한 사람이 되어야 정신적으로 안정되고 만족한 사람이 될 수 있다.

자신의 일을 잘 감당하는 사람

건강한 사람은 세 번째로, 자신의 일을 잘 감당하는 사람이다. 기능적으로 자신이 하는 일을 잘 감당하며 즐겨 하는 사람이 사회생활을 잘 하는 사람이다.

전도서에 보면 "사람이 먹고 마시며 수고하는 가운데서 심령으로 낙을 누리게 하는 것보다 나은 것이 없나니"(전 2:24)라는 말씀이 몇 번 거듭 나온다. 가만히 그것을 보면 "먹고 마시는 것"은 바로 가정생활이고, 그 다음에 "수고하는" 것은 직장생활이 되고, 또 "심령으로 낙을 누리는 것"은 영적생활을 말한다.

따라서 가정생활, 직장생활, 영적생활 이 세 가지가 균형이 잘 이루어질 때 감정적으로 기분이 좋고 인생을 효과적으로 사는 것이다. 할 일이 있고, 일을 즐겨 하는 사람이 행복한 사람이다.

정신건강을 위한 대안

첫 번째로 정신건강을 위한 인식과 인격 성숙을 위한 시도가 요구된다.

사람들이 무엇보다 완전주의를 버려야 정신적으로 여유를 가질 수 있다. 앞으로 누가 말을 실수한다 해도 여유를 갖고 이해해야 한다.

"그럴 수도 있지! 저 사람도 인간이니까." "목사님도 그럴 수 있지!" "사모님도 그럴 수 있지!"

결혼하여 살다보니 어느 날 남편이 목사가 되는 경우가 있다.

문제는 이것이다.

"사모님들이 언제 사모학을 배웠나요? 갑자기 사모역할을 어떻게 완벽하게 하겠어요?"

남편 목사님도 이해가 부족하여 사모를 나무라기 일쑤다.

그런데 평신도들은 어떤가? 사모님을 도마에 올려놓고 난도질을 하는 경우도 있다. 사모님을 완벽한 여자로 생각한다. 태어날 때부터 사모라는 자격증을 받아서 태어나는 게 아니다. 사모님을 너무 완벽하게 보지 말고 기대를 많이 하지 마라. 너무 완벽하게 봐서는 안 된다. 우리 모두는 성숙을 향해 살아가는 과정에 있는 사람이다.

그리고 우리는 너무 사소한 것에 목숨을 걸지 말아야 한다. 별일도 아닌데 마음에 여유가 없는 사람은 좌절과 낙심을 잘 한다.

"그게 죽고 살 일인가?"

예전에 남편이 한 살 된 큰아들이 밥숟가락을 들고 연습을 할 때 밥풀을 조금 흘렸었다. 밥을 먹으면서 밥 한두 알 흘린 것 가지고 남편이 신경질을 내고 악을 쓰니까 아이가 급체를 했던 것이다. 내가 바늘을 찾아 따주면서 말했다.

"그게 죽고 살 일이야? 이렇게 떨어진 밥풀 올려놓으면 끝인데, 그게 왜 그렇게 화가 나?"

"그거 죽고 살 일은 아니네!"

남편이 수긍하면서 되풀이했다.

남편이 이 사건을 통해서 깨달은 것이 많았고 그 후에 상당히 좋아졌다. 그렇게 하나하나 고쳐나가면서 오늘의 남편이 된 것이다. 이것은 교과서에 나오지 않는 이야기이다. 박사학위, 석사학위 공부한다고 해서 알아진 얘기가 아니다.

"띵똥! 통과!"

우리가 텔레비전에서 '가족오락관' 프로그램을 보는 경우가 있다. 우리가 어떤 모션을 하면서 흉내를 내는 게임을 할 때 못 맞추면 빨리 통과시키고 다음 문제를 푸는 것이 지혜로운 사람이다.

그런데 시간은 계속 지나가는데 못 알아 맞추는 문제를 계속 붙잡고 있으면서 흉내를 내는 사람이 있다면 어떻게 되겠는가? 그것은 완전히 죽 쑤는 것이다.

인생도 마찬가지이다.

"띵똥, 통과!" 하고 넘어갈 일이 많다. 인격 성숙을 위해서는 좋은 책이나 강연을 들어서라도 우리는 자신의 정신세계를 풍요롭게 하여 마음의 여유를 가질 필요가 있다.

두 번째는 근원가정에 대한 이해 및 인간 이해가 필요하다.

근원가정이란 결혼하기 전, 자신이 성장했던 가정을 말한다. 사람들은 흔히 이런 생각을 많이 한다.

"우리는 너무 사랑하니까 문제없어요."

결혼을 하면 모든 문제가 술술 풀려서 행복한 결혼생활이 보장된 것처럼 생각하는 신혼부부가 많다. 결혼했다고 해서 그냥 편하게 살게 될 줄 안다면 큰 오산이다. 침대에 두 사람이 누운 것이 아니라 네 사람이 누운 거나 마찬가지이다. 대개 남편은 자신을 키운 어머니의 생각과 사상을 가지고 오게 되고, 아내도 자기 어머니의 영향을 받고 시집 오는 것이다. 결국 네 사람이 한 침대 위에서 싸움을 하는 것이다. 두 사람만이 싸움을 하는 것이라고 착각하지 말아야 한다.

"사실, 내가 하는 말, 내 사상은 다 우리 친정아버지한테서 받은 거예요. 그리고 우리 남편은 자기 아버지 엄마한테서 받은 생각대로 나에게 말하는 것이구요."

우리 친정아버님은 평소에 딸들(5명)과 탁구도 쳐 주시고, 낚시도 가시고, 다혈질의 기질을 소유한 사람으로 말하는 것을 좋아하셨다. 그래서 딸들의 꽃밭에서 노신 어른이었다. 우리 어머니는 50년 전에 미용사 자격증을 딴 일류 미용사였고, 아버지는 사진사였다. 유교의 숭문사상에 매이지 않고, 기술을 받아들인 신식 부모님이었다. 따라서 아버지가 가지고 계신 사상은 누구를 도와주려면 그 사람이 홀로 서기를 할 수 있도록 돕는 스타일이었다. 유대인들이 물고기를 잡아 주지 않고 낚시하는 법을 가르쳤던 것과 마찬가지였다.

반면에 우리 남편의 가정은, 시아버님은 병약하셔서 거의 40년간을 해수로 고생하면서 근근히 지낸 분이다. 그러다 보니 남편을 키우면서 단 한 번도 만져 주거나 안아줘 본 기억이 없었다. 학교공부를 잘 해서 그 많은 상을 타 가도 칭찬이나 격려나 인정하는 말을 한 번도 해주지 않았던 과묵한 권위자셨다. 그러나 시어머님은 정이 많으시고, 대가족을 꾸준히 성실하게 섬긴 분이었다. 전통적인 유교 집안이어서 여자는 밥상에서 함께 식사도 못하고 무시받는 분위기였다.

이런 부모님 밑에서 성장했기 때문에 우리 두 내외의 결혼생활에 얼마나 갈등이 많았겠는가? 여러 모양의 갈등을 몸소 겪는데 6년이 걸렸고, 그런 속에서 부부가 함께 적응하는데 4년이 걸렸다. 지금 생각하면 서로의 근원가정을 이해하면서부터 적응이 되기 시작했다.

세 번째는 언어생활의 중요성을 인식하는 것이 인간관계의 비결이다.

자라나면서 우리는 부모님이나 형제자매 속에서 어떤 것을 많이 듣느냐에 따라 자기 이미지가 형성되는 것을 알 수 있다. 비난의 말이나 꾸중을 많이 듣고, 잔소리 속에서 자라면서 마음이 편할 사람은 하나도 없다. 언어생활은 정신세계에 큰 영향을 미치기 때문에 나는 언어생활의 중요성을 매우 강조한다. 같은 말이라도 긍정적으로 표현하면 사람의 자존감과 자아상에 좋은 영향을 줄 수 있는데, 우리는 너무 칭찬과 인정하는데 인색한 민족이다.

예를 들어, 사람이 변덕을 떨면, "당신은 참 융통성이 대단해요."

일중독자에게는 "당신, 참 성실하군요."

게으름을 피는 사람에게는 "참 여유가 있군요."

분노가 많은 사람에게는 "참 상처가 많은가 봐요."

서두르는 사람에게는 "준비성이 대단하군요."라고 해준다면 상처를 주지 않게 될 것이다.

그렇기 때문에 격려의 말을 사용하라고 권하는 것이다.

꼼꼼한 사람에게는 기왕이면 "참 자상하시군요",

얼굴이 굳은 사람에게는 "근엄하게 보이시네요",

신경질적으로 보이면 "참 섬세하신 것 같아요"라고 해야 말을 통해 상처를 덜 받을 것이다.

어떻게 하든지 우리가 치유의 언어를 사용해서 말로라도 상대방에게 생기를 불어넣어 줄 수만 있다면 얼마나 좋겠는가? 상대방이 사랑을 느끼고, 친밀감을 가질 수만 있다면 언어생활은 잘 한다고 볼 수 있다.

인간관계가 언어생활 때문에 깨지는 경우가 종종 있다. 독처럼 쓰디쏜 말 때문에 정신병이 걸리는 마음이 약한 사람도 있을 수 있기에 사람들이 언어생활만 잘 한다고 하면 일단은 주변 사람을 마음 편히 살 수 있게 할 수 있을 것이다.

네 번째는 상대방의 감정을 알아주는 관용과 긍휼의 마음을 키운다.
사람은 누구나 본능적으로 칭찬과 인정을 받고 싶은 기본적인 욕구가 있다. 아무리 미숙한 사람일지라도 자기 감정을 누군가가 알아주고 인정해 주는 것이 얼마나 필요한지 모른다. 단 한 사람의 지지와 공감을 얻지 못해서 자살해 죽는 사람이 있지 않는가?
상대방에게 공감과 응원을 해주고, 기를 살려주고, 자존심을 세워주고, 수치심을 없게 해주고, 거짓된 죄책감을 빼주고, 열등감을 완화시켜 주는 일이야 말로 정서적으로 후원해 주는 일이다.
예전엔 내가 남편에게 그 역할을 많이 해 주었는데, 요즘엔 남편이 나에게 이런 여러 가지를 해준다. 그래서 무슨 이야기를 해도 다 들어주고, 공감해 주고, 기 살려주고, 관용을 베풀어 주니까 내가 정신적으로 큰 자신감을 갖게 되었다.
나는 나의 감정을 있는 그대로 솔직하게 말한다.
"나, 이번에 강의 너무 못했어."
"괜찮아, 괜찮아. 아쉬운 듯이 끝난 것이 좋은 거야." 라고 남편이 격려해 준다.
그 때부터 마음이 스르르 변하게 된다.
몇 사람으로부터 상담전화가 와서 내가 몇 마디 하면서 공감해 주었다. 그런데 그 사람들이 한결같이 동일하게 말한다.
"아휴, 집사님께 전화 진작 할 걸. 이렇게 마음이 편해지는 걸 …."

누구든지 저를 한 번 만나면 마음이 편하다고 말한다. 왜냐하면 내가 나 자신하고 이미 평화가 이루어졌기 때문이다. 내 자신을 지금의 모습 그대로 수용하기 시작하면서 편한 사람이 된 것이다. 관용과 긍휼의 마음을 가져야 상대방의 감정을 공감할 수 있는 것이다.

마지막으로 자기 자신이 될 수 있도록 도와주어야 한다.
결혼을 하고 남편의 못된 성격에 맞추어 살면서 나는 나 자신을 양보하고 살았고 나 자신을 찾을 수 없었다. 외식을 해도 남편이 좋아하는 레스토랑만 가고, 영화구경도 남편이 좋아하는 쿵후만 보면서 나의 욕구는 늘 뒷전이었다.
내가 언젠가 남편에게 하소연했다.
"사랑은 상대방에게 자기 자신이 될 수 있는 자유를 주는 것이에요."
이제는 그 말의 의미를 남편이 더 실감하면서, 나에게 언론의 자유를 선포하였다. 그리고 내가 내 자신이 되도록 허용을 받았다.
"홍해가 갈라진 것은 분명 기적이에요. 그뿐만이 아니에요. 우리 남편 변한 것도 기적입니다."
성격장애는 정신과 의사도 고치기 힘든 병이다. 그런데 하나님이 도와주시고, 본인도 노력하고, 저도 인내하면서 삼위일체 연합작업으로 회복될 수 있었다. 벽창호 같이 고집 세고 변하지 않을 것만 같던 사람이 변한 것은 정말 위대한 일이다. 완전하고 성숙한 두 사람이 만나 살면 더없이 순탄하고 좋은 일일 것이다. 하지만, 결혼의 성공은 누구랑 잘 만났느냐에 달린 일이 아니다. 어떻게 서로가 적응을 잘 해서 서로가 성숙한 관계를 누리게 되느냐에 달려 있다.

♥큰아들 부부와 함께 한 가족들♥

우리 모두가 조금씩은 다 미숙한 인간들이다. 그런데 우리 각자에게 하나님께서 주신 은사가 있다. 그 좋은 면을 잘 활용하고 하나님이 의도하신 대로 그 사람만이 풍길 수 있는 꽃을 피워야 한다. 우리는 성숙을 향해서 오늘도 노력해야 하는 과정지향적인 인간이다.

"너희는 이 마음을 품으라 곧 그리스도 예수의 마음이니"(빌 2:5-8).

이 예수의 마음을 품고, 어려울 때마다 마음이 온유하고 겸손하신 예수님께로 가서 배워야 한다. 내가 어려움이 있고 고독하고 남편을 기다리다 지치고 속이 상할 때마다 나는 예수님께로 달려 나갈 수밖에 없었다. 내 마음을 은혜로 자꾸 낮추고, "모든 것을 참으며, 믿으며, 바라며, 견디느니라"는 말씀을 가지고 남편을 따라가면서 적응한 것이다.

"또 형제들아 너희를 권면하노니 규모 없는 자들을 권계하며 마음이 약한 자들을 안위하고 힘이 없는 자들을 붙들어 주며 모든 사람을 대하여 오래 참으라"(살전 5:14).

이 말씀을 보면 규모 없는 자가 있고, 마음이 약한 자가 있고, 힘이 없는 자가 있다고 했다.

그러나 하나님의 말씀은 모든 사람에 대해서 "오래 참으라"고 했다. 내가 성경적인 사랑에 대해 묵상해 보니 그것은 오래 참는 것이었다. 인내이다. 그리고 모든 것을 바라면서 긍정적인 사고방식, "저 사람도 변할 수 있다"는 생각을 갖는 게 중요하다.

'정동섭 교수가 변했으면 내 남편도 희망이 있구나. 내 아내도 희망이 있구나.'

이런 생각을 하고 끝까지 포기하지 않는 것이 중요한 포인트이다.

한 영혼이 나로 말미암아 일어설 수 있다는 것은 하나님의 큰 사역이다. 자신의 희생적인 사랑으로 한 사람이 치유될 수 있다면 한 번 살아볼 만한 인생이 아니겠는가?

그러므로 사랑은 죽음을 의식하고 사랑하고 격려하고 돕기로 작정할 일이다. 이것은 서양 사람들처럼 사랑하는 감정이 싹 트면 결혼하고, 식으면 이혼하는 등 감정을 따라 하는 것이 아니다. 사랑에는 책임이 있어야 된다. 우리의 고통을 주님은 아신다. 여기에서 우리는 한 사람을 사랑하기로 굳게 마음에 결심을 하고, 남편이나 아내 한 사람만을 행복하게 해드려야 한다.

캡슐에 넣어서 만들 수 있는 사랑의 약이 있다면 얼마나 좋을까? 사랑이 필요할 때, 사랑을 회복하고자 원할 때 그 사랑의 캡슐약을 먹으면 사랑이 발휘되니까.

그러나 그런 사랑의 약은 이 세상에 없다. 그 사랑의 약은 우리 예수님을 많이 묵상하며, 그 예수님과 좋은 관계를 맺을 때에만 비로소 만들 수 있다.

우리는 언제 죽을지 모른다. 지금이라도 우리가 암환자라면 사랑할 시간이 없게 된다. 암 수술을 받느라고 바쁘기 때문에 사랑하기 어렵게 된다.

결국 진리는 하나이다. 우리가 건강할 때 사랑하라는 것이다. 돈은 있을 때 저축하고, 음식은 씹어야 맛이 나고, 노래는 불러야 하고, 사랑은 사랑할 수 있을 때 해야 하는 것이다.

내가 평소에 애송하는 시가 하나 있다.

❖ ❖ ❖

선인장

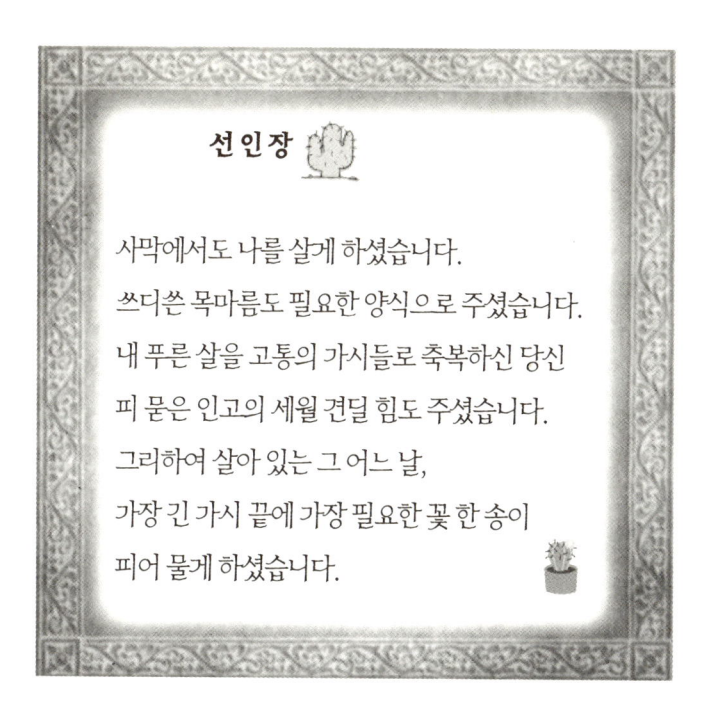

사막에서도 나를 살게 하셨습니다.
쓰디쓴 목마름도 필요한 양식으로 주셨습니다.
내 푸른 살을 고통의 가시들로 축복하신 당신
피 묻은 인고의 세월 견딜 힘도 주셨습니다.
그리하여 살아 있는 그 어느 날,
가장 긴 가시 끝에 가장 필요한 꽃 한 송이
피어 물게 하셨습니다.

가시는 사람마다 종류가 다른 가시를 가질 수 있다. 내가 겪어야 될 가시, 혹은 당신이 겪어야 될 가시가 다 다르다. 그 가느다란 가시 끝에 나만이 피울 수 있는 꽃을 피우되 그 꽃에서 나는 향기를 하나님께 드리는 우리 모두가 되기를 진심으로 축복한다.

정리 및 도움말

한마음 부부상을 수상한 목사님 이야기

강원도 태백에서 이 책을 집필할 때의 일이었다. 두 가정과 식사를 하는 중에 좋은 소식을 접하게 되었다. 안봉엽(45·영월 영락교회 목사) 조낙희(45세)부부는 그 동안 목회자로서 가정행복학교를 운영하면서 행복한 가정만들기 운동에 앞장 서고 소외된 이웃을 위한 참봉사활동을 인정받아 제 3회 한마음 부부상을 수상했다는 이야기였다. 이렇게 모범 부부상을 타기까지의 간증을 듣게 되었다. 얼마나 흐뭇했는지 모른다. 교계를 대표하여 수상한 것도 아니고 신·불신을 막론하고 모든 한국 가정의 대표로 수상했다는 것이다. 역기능 가정이 많은 이 시대에 하나의 작은 촛불이 시골 한 구석에서 타오르고 있었다. 그 모델 케이스를 소개하고자 한다.

안목사 부부는 살아갈 때 집에서의 가사분담 구분이 없다. 다함께 집안 청소와 설거지와 빨래 등을 공동으로 하고 있고 서로의 의견을 존중해 줌으로써 가정에서부터 남녀평등을 생활화하고 있다. 두 아들(고1, 고2학년)과 종종 야외에 나가서 식사도 하고 테니스를 치면서 함께 시간을 보내기도 하며, 올 여름방학에는 아들과 함께 '사랑의 집짓기 운동'에도 다녀왔다.

경제적인 문제에도 한 달 생활비 안에서 가정 생활비, 자녀교육비, 건강관리비, 활동비 등을 서로 의논하여 나누어 쓰고 있다. 취미생활은 틈나는 대로 함께 등산도 하고 아내는 수영, 목사님은 테니스로 건강관리를 한다. 특별히 가정생활을 위해서 가정사역

아카데미나 내적치유 세미나 등 여러 가지 교육과정을 함께 수료하면서 더욱 서로를 이해하고 존중하게 되었다. 남편은 대학원을 졸업하고, 부인은 목회자 부인 지도자반을 수료한 이후에도 배움의 생활을 계속하였다. 가정사역자로서의 능력개발에도 열성을 보여 멘토 자격증 취득, 호도애 전인치유학교과정 수료, 목회자 음악학교 수료 등 학교 운영에 필요한 부분을 부부가 함께 참여함으로써 가정 밖에서도 평등한 부부관계를 정립하였다.

사회적으로는 비영리 사회단체인 「행복한 가정만들기 운동」을 펼치고 있으며, 지난해 10월부터 미혼남녀를 위한 결혼 예비학교 운영, 청소년을 위한 독서교실, 드럼교실, 플룻교실 등을 운영하고 있다. 특히 소외된 이웃을 위한 봉사활동에도 열성을 보여 매주 1-2회 영월의료원의 입원환자들에게 이발과 생필품 지원, 말벗 해주기 활동을 해왔으며, 관내에서 발생하는 폐지를 모아 독거노인 한 가정의 생계를 지원해 주기도 했다.

이렇게 행복하고 건강하게 살면서 이웃에게 선한 일을 할 수 있기까지에는 두 분의 자라난 환경을 고려하지 않을 수 없다.

남편 목사님은 3대째 기독교 집안으로서 좋은 신앙의 밑거름이 되어주신 부모님의 기도 후원을 계속 받았다. 그리고 정이 많고 이웃에게 나누어 주는 삶을 보여주신 어머님의 생활태도는 그대로 전수되었다. 주의 종이 될 수 있게끔 말로 계속 격려하고 기도로 밀어주신 어머님은 늘 감사가 끊이지 않은 분이었다. 36세에 맏아들을 낳아 지금까지 키우면서 사랑으로 돌보시던 어머님은 지금 고령(82세)의 연세에도 목회의 부담을 덜어주시기 위해 다른 아드님댁에 머물고 계신다.

농촌에서 정미소를 운영하셨던 아버님의 배려로 대학까지 경제적 어려움 없이 공부에 전념할 수 있게 도움을 주신 것도 순기능 가정의 한 면모이고, 형제간의 우애가 지금까지 좋은 것도 큰 재산이라고 생각한다.

이렇게 건강하게 성장할 수 있었던 목사님은 사회봉사도 자연스러운 삶의 표현이었다. 부부사랑을 우선 순위에 두고 하나님 사랑을 이웃에게 전하고 나누면서 인생을 즐겁고 보람있게 섬기며 살아가고 있다. 사모님 역시 넷째 딸로 사랑을 듬뿍 받고 자란 분으로 남편과 함께 성숙한 인격체로서 살아가는 모습이 너무나 감동적이다.

목사님 부부의 얘기를 듣고 난 결론이 이것이다.
"건강한 가정에서 건강한 인격이 자라나고 건강한 가정을 꾸려 나갈 수 있게 된다."

모쪼록 안 목사님 가정처럼 이 땅에 행복하고 건강한 가정들이 많이 탄생되기를 바란다.

추천도서

스캇 펙_ 〔아직도 가야 할 길〕. 열음사, 2000.
박수웅_ 〔우리 결혼했어요〕. 두란노, 2006.
연문희_ 〔참 만남을 위한 한쌍의 대화〕. 학지사, 2002.
하워드 막크맨 외_ 〔이 세상에서 가장 실제적인 결혼생활 지침서〕. 정동섭, 안신우 공역. IVP.

9
삶속에서의 짧은 묵상들

가정사역

가정사역은 가정을 세우기 위해서 하는 모든 설교, 교육, 상담 활동을 일컫는다. 가정사역은 전도사역이며, 제자훈련사역이며, 성경 적용사역이며, 예방사역이다.

가정사역에는 교육적 접근과 치유상담적 접근이 있다. 앞으로 교회는 결혼 예비교육, 부부역할 교육, 부모역할 교육, 그리고 역기능 가정에서 성장한 성인아이 치유사역에 주력해야 한다. 치유회복 운동이 팀 슬레지 목사의 가족치유, 마음치유를 중심으로 일어나고 있다. 교회내에서 가정사역을 할 때에는 몇 가정씩 묶어서 소그룹 중심으로 하는 것이 훨씬 효과적이다.

몇 년 전에 서울에서 가정사역학회가 열렸다. 전국에서 가정사역에 관심을 갖고 있는 사람들과 현재 가정사역을 하는 사역자들이 다

모였다. 모든 프로그램이 다 끝나고 어떤 남자분이 질문을 하였다.

"구체적으로 가정사역을 하려면 어떻게 시작하면 좋겠습니까?"

나는 모든 사람들이 대답을 기다리는 가운데 용감하게 대답했다.

"부부가 서로 자기의 남편이나 아내를 사랑하는 것이 가정사역의 시작입니다."

> "네 헛된 평생의 모든 날 곧 하나님이 해 아래서 네게 주신 모든 헛된 날에 사랑하는 아내와 함께 즐겁게 살지어다 이는 네가 일평생에 해 아래서 수고하고 얻은 분복이니라"(전 9:9).

그렇다! 우리는 모두가 다 가정사역자들이다. 먼저 내 자신의 가정부터 살펴서 건강한 가정, 행복한 가정이 되면 가정사역은 바로 시작이 되는 것이다. 사역을 담당할 사람은 무엇보다 부부가 서로 사랑하는 부분에 모범을 보여야 한다.

디모데전서 3장 2절에 보면, "그러므로 감독은 책망할 것이 없으며 한 아내의 남편이 되며 절제하며 근신하며 아담하며 나그네를 대접하며 가르치기를 잘 하며 술을 즐기지 아니하며 구타하지 아니하며 오직 관용하며 다투지 아니하며 돈을 사랑하지 아니하며 자기 집을 잘 다스려 자녀들로 모든 단정함으로 복종케 하는 자라야 할지니" 라고 권면하고 있지 않은가?

> "네 헛된 평생의 모든 날 곧 하나님이 해 아래서 네게 주신 모든 헛된 날에 사랑하는 아내와 함께 즐겁게 살지어다 이는 네가 일평생에 해 아래서 수고하고 얻은 분복이니라"(전 9:9).

비인격적인 은사자들

우리가 믿는 하나님은 하나의 인격이시다. 그런데 그 하나님과 사역을 한다는 은사자들을 많이 만나게 된다. 능력을 나타내고 신령한 은사를 많이 행사한다고 하면서 상처를 주거나 사람을 비인격적으로 대하는 은사자들이 의외로 많이 있다.

겉으로 나타나는 성령의 사역을 행하면서 연약한 영혼을 마음대로 조정하고, 협박하고, 휘두르는 경우를 보게 된다. 때에 따라서는 기도를 몇 번 해주는 댓가로 고액의 헌금을 강요하기도 한다. 본인이 먼저 은혜를 받고 나면, 강요를 하지 않아도 감사하여 헌금을 드리게 되어 있다. 그런데 조건부로 기도를 받게 하는 은사자들도 있다. 때에 따라서는 먼저 마음을 드릴 수도 있다. 하지만 자신의 믿음의 분량이 작은 사람들은 부담을 느끼지 않을 수 없다. 하나님은 우리의 믿음의 분량을 아시는 분이다.

"내게 주신 은혜로 말미암아 너희 중 각 사람에게 말하노니 마땅히 생각할 그 이상의 생각을 품지 말고 오직 하나님께서 각 사람에게 나누어 주신 믿음의 분량대로 지혜롭게 생각하라"(롬 12:3).

우리는 맹신을 버리고 자기 믿음의 분량만큼 지혜를 갖고 생각해야 한다.

또한 성령의 열매가 아홉 가지인데, 성령으로 일한다는 사역자들이 비인격적인 경우가 많이 있다. 그 성령의 열매가 인격 속에서 겸비된 능력자라야 진짜 하나님이 함께 하시는 능력자일 것이다. 성령의 일을 하는 사람이 성령의 임재가 없이 어찌 하나님의 사역을 제대로 할 수 있겠는가?

예수님께서는 "거짓 선지자들을 삼가라"고 말씀하셨다.

"이러므로 그의 열매로 그들을 알리라"(마 7:20).

우리는 이 험난하고 혼란한 세대를 살면서, 이단이나 사이비 은사자들에게 나의 귀한 영혼을 내어주면 안 된다. 은사자들에게서 비인격적인 면이 드러나거든 조용히 관계를 정리해야 한다. 믿음이 연약한 영혼들이 권위적인 은사자들로부터 얼마나 피해를 많이 받고 있는지 모른다.

"이 같은 자들은 우리 주 그리스도를 섬기지 아니하고 다만 자기의 배만 섬기나니 공교하고 아첨하는 말로 순진한 자의 마음을 미혹하느니라"(롬 16:18).

도움도 요청할 때 도와주라

우리 민족은 예로부터 정이 많은 백성이다. 남의 어려움을 잘 도와주고, 남의 일에 관심이 많다. 그러나 이런 정을 핑계삼아 우리는 상대방 의사와 동의 없이 과잉보호하고 과잉친절 때문에 오히려 관계가 소원해지는 경우도 많다. 도움도 미리 서둘러서 하지 말고 진심으로 그 사람이 필요로 하고 도움을 청할 때 하는 여유가 때론 필요하다. 과잉보호는 그 사람을 무기력하게 만든다. 우리나라 사람들은 자기가 마구 퍼주고서는 그것에 대해 조금만 감사가 안 나오면 섭섭해하고, 도와준다는 미명 아래 상대방 경계선까지 넘어가 침범할 때가 많다.

미국이나 독일사람들은 선물도 조그만한 것을 주어서 상대방이 부담 느끼지 않을 만큼만 한다. 꼭 되돌려 갚지 않아도 될 만큼의 부담 없는 선물을 주고받는다. 그러나 우리 민족은 남에게 무척 후하다. 그리고는 안 알아주거나, 감사를 많이 표현하지 않으면 억울해 하는 경우를 자주 보게 된다.

예수님께서는 능력자이면서도, 소경이 "다윗의 자손이여 나를 불쌍히 여기소서."라고 외치면 "내가 네게 무엇을 하여 주기를 원하느냐?"라고 물으셨다. 그런 후에 "주여 보기를 원하나이다"라고 하면 "보아라. 네 믿음이 너를 구원하였느니라"라고 응답해 주셨다.

사마리아 여인에게도 인격적으로 다가가셨고, 백부장에게도, 문둥병자에게도 먼저 다가가지 않으시고, 조용히 상대방의 마음이 열려서 접근해 오기를 기다리시며 인격적으로 도움을 주셨다. 절대로 사랑의 횡포를 발휘하지 않은 분이시다.

우리는 남의 경계선까지 얼마나 많이 침범해 들어가고 무례히 행하는지 모른다. 심지어 도움을 주면서도 상처를 함께 줄 수가 있다. 따라서 진정한 도움은 상대가 받을 준비가 되었을 때, 자존심 상하지 않게 지혜롭게 도움을 줄 수 있다면 더 좋은 것이다.

영혼이 잘 되면 모든 것이 다 잘 풀린다?

요한삼서 1, 2절에 보면 이런 말이 있다.

"사랑하는 자여, 네 영혼이 잘됨 같이 네가 범사에 잘 되고 강건하기를 내가 간구하노라."

이 경우에 우리는 흔히 삼박자 축복만 생각하게 된다.

'아, 영혼이 잘 되면 범사가 잘 되고 강건하게 될 것이다.'

이렇게 생각하게 되는데, 자세히 들여다보자. 영혼이 잘 되는데 범사가 안 될 수도 있고 강건하지 않을 수도 있다. 그렇기 때문에 끝 구절에 범사가 잘 되고 강건하기를 내가 간구하노라 라는 기도제목이 또 하나 있는 것이다.

금요철야 잘 하고 새벽기도 365일을 몇 십 년 다녀도 자식이 탈선할 수 있고, 사업이 망할 수 있고, 어려운 일을 겪을 수도 있는 것이다. 이런 경우에 흔히 이렇게 말할 수가 있다.

"하나님 내가 이렇게 새벽제단 열심히 쌓았는데 어떻게 나에게 이런 일이 있을 수 있습니까?"

우리는 그런 일이 닥친다 해도 담담하게 대처하도록 기도로 미리 준비시킨 것이라 생각할 수는 없을까? 사실 기도 많이 하는 용사들 가운데도 얼마나 많은 사건이 터지는지 모른다. 저울에 달듯이 "이렇게 기도생활 잘 하고, 성경공부 열심히 하고, 신앙생활 잘 하면 만사형통할 거야." 라는 것은 무속신앙에서 온 것일 수도 있다. 성경을 자세히 보자.

"군사로 다니는 자는 자기 생활에 얽매이는 자가 하나도 없나니 이는 군사로 모집한 자를 기쁘게 하려 함이라"(딤후 2:4).

그런데 사단이 개입함으로 말미암아 잘못된 것이 인류 역사이다. 열두 제자부터 편하게 죽은 사람이 어디에 있는가? 톱으로 켜고, 살갗이 깎이고, 다 순교 당했다. 우리는 군사로 부름을 받은 자이다. 보이지 않는 전쟁을 하고 있다.

"이렇게 기도 많이 했는데 왜 우리 자식이 이러냐!"

본인의 선택이다. 50%는 부모 책임도 있지만 50%는 자기가 선택하는 것이다. 우리가 다 아담의 후예이기 때문이다. 그 애가 내 자식이기 이전에 죄악을 갖고 태어난 아담의 후손이다. 그리고 가정이 깨지는 것, 근본으로 올라가고 올라가면 아담 때부터 역기능의 가정이었다. 가인이 아벨을 때려 죽였는데 살인이 인류의 첫 번째 가정에서부터 있었다.

"왜 이런 비참한 일이 이 세상에 일어날까?"

나는 감히 대답할 수 있다.

"그것이 인생이다"(That's life)라고 말할 수 있기 때문이다. 내가 많은 사람을 상담하면서 이렇게 정신건강을 유지할 수 있는 것은 어떤 험한 이야기일지라도 눈물 쭉쭉 짜고 같이 울어줄 뿐 아니라, 뒤돌아서는 "그것이 인생인데 뭐"(That's life)라고 툭툭 털어버리니까 내가 그 다음에 다른 사람을 또 만나서 머리 복잡한 이야기를 들어줄 수가 있다. "세상이 왜 이렇지."라고 한탄만 한다면 고민이 되서 결코 편히 살 수가 없을 것이다.

휴식과 노는 것의 차이

휴식과 노는 것은 다르다. 노는 것은 휴식이 아니다. 휴식은 아무것도 안 하고 쉬는 것이다. 그러나 노는 것은 놀 때에 에너지를 따로 필요로 하는 노동이다. 연주자들도 바이올린을 가지고 연주하지만 한 번쯤은 줄을 풀어서 쉬게 해준다. 축구경기나 농구경기에도 중간에 쉬는 시간이 있다. 권투경기에도 막간에 잠깐 쉬는 시간이 있다.

노는 것은 게으름을 피우는 게 아니다. 다음의 일을 위해 밧데리를 충전하듯 충전시키는 작업이다. 쉬는 것도 사역의 일부분이고, 주님의 일을 하는 것이다.

인생은 단거리 경주가 아니다. 장거리를 뛰어야 할 사람들이 왜 쉼 없이 달려가기만 하는 것일까? 일중독은 자전거 바퀴를 돌리는 것과 같다. 일중독은 일이 사람을 부리는 것이다. 여기에 사탄의 속임수와 계략이 도사리고 있다. 그래서 한국 남성들은 세계에서 40대 사망률 1위를 차지하고 있지 않는가? 한창 일해야 할 중년기에 돌연사가 웬 말인가? 한국 직장은 퇴근 시간을 좀 더 분명히 해주어야 할 것이다.

예수님도 자주 한적한 곳을 찾았고, 제자들도 무리에서 떨어지는 시간을 허락하셨다. 적어도 일주일에 하루는 안식할 수 있도록 하나님은 배려하셨다. 하나님은 우리가 일하고, 쉬고, 놀고 예배하는 일을 주기적으로 되풀이 하도록 인생의 리듬을 정하셨다. 하나님이 정하신 질서를 어길 때 부작용이 일어나는 것은 불가피하다.

그런데 열심이 특심인 그리스도인들은 주님의 일을 한다는 그럴싸한 명분을 갖고 쉬임 없이 사역을 해 대는 것이다. 주중엔 열심히 직장에서 최선을 다해 일하고, 주일이면 하나님 음성을 들으며 일주일을 반성하고 새 힘을 충전받도록 쉬는 시간이 필요하다.

자기 마음밭을 살피라

"낮엔 해처럼 밤엔 달처럼"이란 복음 성가가 있다. 누구든 빛과 소금이 되고 싶어한다. 태양빛을 반영하는 것이 달빛이듯이, 하나님의 사랑을 반영하는 사랑이 부모님의 사랑이다. 따라서 아빠 엄마에게 사랑 많이 받은 사람은 "하나님이 너를 사랑한다"라고 하면 금방 하나님의 사랑을 받아들일 수 있다.

그런데 아빠 엄마의 사랑을 충분히 공급받지 못한 사람은 사랑이 잘 전달되지 않는다. 오히려 부모님에게서 상처를 많이 받고 자란 성인아이들은 하나님의 사랑이 마음에 잘 와닿지를 않게 된다. 사랑이라는 것을 알기는 알겠는데 실제적으로 체험해 보지 못한 사람은 상처라는 내면의 거침돌 때문에 시간이 더 걸리는 것이다.

이웃집 부모님이 사랑을 해주는 것도 아니고 마땅히 받아야 할 사람에게서 받아야 사랑이 무엇인지 알 수 있다. 다행히 하나님은 우리에게 두 번의 기회를 베푸셨다. 근원가정으로부터 사랑을 못 받은 사람은 결혼을 통해 배우자로부터 한 번 더 사랑을 확인할 수 있는 기회를 주셨다. 그런데 이 배우자의 사랑을 받으면서 쉽게 상처가 아무는 사람이 있는가 하면, 사랑을 받아도 사랑이 무엇인지 모르고 쓴뿌리가 제거되지 않는 경우가 있다.

"동에서 뺨 맞고 서에 와서 화풀이 한다"는 말처럼 근원가정 시절 때부터 받은 상처가 치유되지 않고 깊이 남아 있어서 괜히 그 화풀이를 배우자에게 퍼붓고 사는 경우가 있다. 밑빠진 독에 물붓기 식으로 이런 사람이 얼마나 배우자의 진을 빼고 힘들게 하는지 모른다.

어릴 때 사랑의 욕구가 채워지지 않은 사람들이 어른이 되서 사랑을 확인하고자 하는 시도가 바로 바람피우는 것으로 나타나는 경우가 있다.

'이 여자가 날 사랑해 줄까? 저 여자가 날 사랑해 줄까?'

이렇게 생각하면서 전전하는 여성편력자들이 있는 것이다. 자신의 현재의 아내에게 불만족해서가 아니다. 그 이전에 성장하면서 엄마 아빠로부터 포근한 사랑을 못 받아본 사람들이 밑빠진 물동이처럼 금이 가 있기 때문에 아내가 사랑을 줘도 그 사랑을 받을 줄 모른다. 왜냐하면 사랑을 받아 본 적이 없기 때문에 아내가 그 남편을 사랑해 주려 해도 아내의 남편사랑이 확인이 안 되는 것이다. 그렇기 때문에 미스 김도 좋고, 술집여자도 좋고, 이 여자 저 여자 찾아다니면서 사랑의 큐피드를 찾아보지만 사랑이 확인이 되지 않는다. 이런 사람은 먼저 가시덩쿨, 돌짝밭 같은 헝클어진 마음밭을 갈고 닦아서 옥토로 만들어야 한다.

무엇보다 내적치유가 일어나야 한다. 옥토에 씨를 뿌려야 싹이 나고 열매가 맺어지듯이, 먼저 마음밭의 쓴뿌리가 제거되고 상처받은 돌덩어리들이 걸러내져야 한다.

분풀이를 하는 원인도 모른 채 이젠 자기 가정에서 가해자로 버젓이 살아간다. 어렸을 때에는 자신이 피해자였지만, 이제는 가해자로 군림하여 살아가는 것이다. 과연 우리는 하나님의 사랑을 전달하는 디딤돌인가? 아니면 하나님의 사랑의 빛을 차단하고 살아가는 거침돌인가를 생각해 봐야 한다.

꺼져가는 모닥불 지피기

"저는 개인 상담실에서 한 사람이 찾아 오면, 그 눈동자를 마주보고 얘기 들어주는 것이 저의 은사라고 생각해요. 한 사람이면 집중이 되어서 그 사람과 내가 안테나를 맞추고 나면 끝나는 거예요. 그냥 열이 나요. 그러면 저는 모닥불 하나 피우는 그런 심정이 되는데 꺼져가는 모닥불 호호 불어서 살살 다뤄 가지고 그 사람이 자기 자신을 사랑하도록 만들어 주지요. 자녀를 사랑하고 남편 사랑하는 것을 저한테서 역할모델로 전수받게 되는데, 그것은 사실 제가 만들어 주는 것이 아니고 주님이 저한테 그런 사랑의 마음을 주셨지요. 저는 그 불을 가지고 다른 곳에 불 하나를 댕겨 주는 것에 불과해요. 그 사람이 살아나면 저는 그 사람에게서 백 사람을 보는 거예요. 그 한 사람이 백 사람을 상대할 거니까요."

내가 고통 가운데 살 때에도 속으로 남편 하나 사랑하는 것에 온 힘을 모았다. 내가 처녀 때부터 좋아하던 시가 있었는데, 그 시를 30년을 애송하다 보니까 이 시의 내용대로 '내 남편을 받아주고 사랑할 수 있었구나' 하는 생각이 들었다.

> 내가 만일 한 가슴이 미어짐을 막을 수만 있다면,
> 내 삶은 결코 헛되지 않으리.
> 내가 만일 병든 생명 하나를 고칠 수 있다거나
> 한 사람의 고통을 진정시킬 수 있거나
> 할딱거리는 새 한 마리를 도와서
> 보금자리로 돌아가게 해줄 수만 있다면,
> 내 삶은 결코 헛되지 않으리.

용서는 발견이다

"내가 만일"이라는 이 시처럼 내가 만일 한 사람을 사랑했다고 하면 그것은 주님의 사랑을 먼저 받았기 때문이다. 그 다음에 이웃의 고통당하는 사람을 불쌍히 볼 수 있는 눈이 생기는 것이다.

스데반이나 예수님이 자기를 배반하고 찌르고 죽이기까지 한 모든 사람을 사랑할 수 있었던 것은 죽음의 순간에 말한 것을 보면 알 수 있다. 스데반이 자기를 향해 돌 던지는 사람들을 위해서 "주여 이 죄를 저들에게 돌리지 마옵소서"(행 7:60), 예수님께서는 "아버지여 저희를 사하여 주옵소서 자기의 하는 일을 알지 못함이니이다"(눅 23:34)라고 그 돌 던지고 상처 주고 배반하는 우리를 불쌍하게 보셨다. 정말 예수님이 하신 일은 사랑한 것밖에 없었다.

스데반이 돌에 맞아 죽은 것은 병자가 건강한 사람을 때려 죽이는 사건이었다. 인간 중에 그런 스데반 같은 사람이 어디 있는가? 예수님 같은 분이 어디 있겠는가? 그런데 이 죄악된 죄인의 자식들이 의인 두 사람을 죽인 것이다. 상대의 불쌍함을 발견한 자만이 진정으로 용서할 수 있는 것이다.

겉으로 보기엔 악이 선을 죽인 것 같아 보인다. 그런데 결국은 그렇게 용서하는 마음으로 죽으셨기 때문에 거기에서 사랑이 전달되는 것이다. 예수님이 그냥 공중에서만 계신 게 아니다. 최고로 낮고 천한 마굿간에 오셔서 최고로 아픈 십자가의 고통도 당하시고 최고의 배반도 당하셨기 때문에 우리에게 희망이 있는 것이다.

예컨대, 난로가 자기 역할을 할 수 있는 것은 천 사람, 만 사람이 모였다 해서 난로가 따뜻한 역할을 할 수 있는 게 아니다. 그것은 단지 난로 속에 종이 한 장이라도 타야만 따뜻해지는 것이다. 불씨가 난로 속에서 타 올라와야 그 난로가 따뜻해지면서 옆 사람에게 온기가 전해지는 것이지, 천 사람 만 사람이 몸을 열심히 비벼서 열을 냈다고 난로가 따뜻해지지는 않는다.

여러분이 한 남자 만나서 혹은 한 여자 만나서 몸이 녹을 정도로 만들려면 그것은 내 남편, 내 아내를 사랑하는 아름다운 불씨가 여러분 가슴 속에서 타 올라야 그 가정에 희망이 넘치는 것이다. 부부간에 상처받고 용서할 일이 있을 때면 그 배우자를 진정으로 어떻게 용서할 수 있는가? 하나님의 시각으로 그 영혼을 불쌍히 볼 줄 아는 긍휼의 마음이 있어야 용서할 수 있는 것이다.

정신병도 선택이다

아내 되는 사람 중에는 남편이 바람을 피워서 정신병이 생길 수도 있다. 그것은 선택이다. 정신병도 선택이라고 한다. 아무리 바람이 세게 불어와도 그 바람의 각도를 잡아서 돛을 달고 잘 가는 배가 될 수 있느냐, 아니면 침몰하는 배가 될 수 있느냐는 본인의 선택하기 나름이다.

"인생은 그 사람의 해석이다"라는 유명한 말이 있다. 이것만은 우리가 생각하자. 긍정적인 사고방식을 갖고 인생을 대하는 사람들에게는 어떠한 역경과 어려움과 고통이 있다 해도 타고 넘어갈 수 있는 것이다. 그 고통을 통해 더욱 성숙해지는 사람도 있다.

가난하게 살아서 구두쇠로 되는 사람이 있고, 낭비벽으로 가는 사람이 있다. 상처를 받아 분노를 느끼게 되면 언어폭력이나 신체폭력으로 표출하는 사람이 있다. 약한 반응을 하는 사람은 상처로 인한 분노를 속으로 품고 삭히면서 내면화 과정을 거친다. 이것이 우울증으로 나타나게 된다.

그래서 부모가 알코올중독자냐, 구타했느냐, 외도했느냐, 부모의 일중독으로 자녀를 방치했느냐, 유교의 권위주의로 키웠느냐, 엄마 아빠가 이혼해서 상처를 받았느냐, 또 아버지의 혈기 때문에 그랬느냐 … 등등 모든 것이 다 인간 개인의 역사를 만드는 것이고, 이것이 오늘을 살아가는 나한테 영향을 주고 있는 것이다.

이렇게 영향을 받은 사람이 좀 심각해지면 정신병이 된다. 살아가는 외부적 환경이 어렵고 극한 가난 때문에 정신병에 걸렸다는 것은 흔하지 않다. 엄마들이 따돌리고, "너, 호적 파버리겠다"라며 억압적으로 대하거나 상처 주고, 부모로서 자녀로 하여금 자기 정체성을 발견하도록 해 주지 않은 아이들이 가끔 머리가 돈다. 1, 2등 하는 아이들이 자살해서 죽지, 40명 중에 40등 하는 아이가 자살해서 죽는 경우는 없다.

한 번은 한 학생이 상담을 하러 왔었다.

"제가 쭉 1등을 하다가 이번에 2등이 됐어요. 그런데 엄마가 기분이 나쁘다면서 자리를 깔고 누웠어요. 2등 했다고요."

그래서 자기에게 우울증이 와서 죽고 싶다는 것이다. 20등 하는 아이들이 상담하러 와서 죽겠다는 것은 아직까지 못봤다.

정신건강이 먼저 중요하다

역기능의 가정에서 자라난 성인을 성인아이라고 부른다. 역기능 가정에서 자라난 어른들이 커서 외도를 하지 않는다면 일중독에 걸리고, 일중독이 아니면 알코올중독이고, 알코올중독이 아니면 갖가지 문제들로 부부싸움이 잦을 수밖에 없다. 이것은 조사결과 나타난 통계이다. 그렇지만 다 그렇다고 단정하는 것은 아니다.

사실, 아담과 하와의 가정에서부터 역기능 가정으로 출발했다. 그래서 안 일어나야 될 일이 일어난 것이 아니라, 그것이 인생(That's life)이 되어 버린 것이다. 그렇기 때문에 우리 모두에게는 이 역기능을 순기능으로 바꾸기 위한 노력이 필요하다.

이런 과정 속에 있는 가정에서 심리장애나 정서적으로 장애가 있으면, 그 가정은 더 더욱 혼란 속에 허우적거릴 수밖에 없다. 부부가 삐거덕되고 아이들도 망가지기 시작하면 그런 가정이 몇몇 모여 있는 교회는 그 교회도 흔들거리게 된다. 교회의 성도들이 문제를 일으키면 사모님 마음이 멍들고, 집사님들이 시험받고, 구역식구들도 흔들려서 다른 교회로 떠나 엉망이 되어 버리고 만다. 사탄이 제일 좋아하는 일은 교회에서 문제가 많이 생기는 것이다.

그렇기 때문에 속사람의 영적, 정신적 건강이 너무나 중요하다. 사탄이 정신이 건강하지 않은 사람을 가지고 인간관계를 마구 요리한다. 그래서 그 좋은 설교를 들어도 은혜가 안 되고, 생활에 적용이 안 되고, 설사 배운다 해도 인격에 변화가 없는 것이다. 설교 듣고 교회에서는 성령충만했던 마음이 집에 가면 다 바닥이 나고, 성질을 부리며 싸움질하게 되는 경우가 허다하다.

먼저 정신이 건강해야 한다. 그래야 갈등도 잘 해결할 수 있고, 영적으로도 충만을 유지할 수 있어서 사탄의 시험에도 안 빠지게 된다. 주로 영적으로 충만하다 할지라도 인간관계에서 비인격적으로 나타나고 성숙하지 않는 모습들을 보이는 것은 그것이 영적인 문제가 아니고 정신건강과 관련된 문제이기 때문이다. 이런 경우가 허다하다.

우리가 영적인 동물이라고 해서 영만 날라 다니며 사는 존재가 아니다. 영, 혼, 육, 심리적, 정신적으로, 전인격적으로 건강을 유지해야 한다. 한쪽면의 건강이 전인적인 건강은 아니다. 한국의 그리스도인은 영적 부분이 중요하다는 말을 교회에서 많이 들어서인지 영적으로만 치우친 면이 좀 많다.

그러나 우선 순위에서 영적인 면이 중요하다고 생각하는 사람들이 먼저 신경을 써야 할 부분은 바로 정신건강이다. 왜냐하면 정신적으로 건강해야 영적인 면도 건강하고 병적인 신앙생활을 하지 않게 되기 때문이다. 또 예수님께서 말씀하신 대로 "내가 온 것은 양으로 생명을 얻게 하고 더 풍성히 얻게 하려는 것이라"(요 10:10)는 말씀대로 살아갈 수 있기 때문이다.

의미요법

「사선을 넘어서」의 작가 빅터 프랭클이 나치 수용소에 수용되어 있을 때 자기 눈 앞에서 사랑하는 아내와 자녀가 죽임을 당하고 부모도

다 죽임을 당했었다. 그런데 그 빅터 프랭클이 의미요법의 창시자가 되었다. 나중에 미국에서 유명해졌는데, 빅터는 눈 앞에서 인간이 당할 수 있는 최악의 고통을 겪었으면서도 그의 정신건강이 좋았기 때문에 미국에 넘어가서 그런 걸작품을 쓰게 되었다.

"사람은 어떠한 고통 속에서도 의미를 발견하면 절대 쓰러지지 않는다."

이런 사람은 환경이 그 사람을 어떻게 요리할 수 없다.

청소년들의 자살률이 제일 많은 나라가 뉴질랜드라고 한다.

"아하! 사회보장이 너무나 잘 되어 있고 모든 것이 다 준비되어 있기 때문에 그 다음에 힘써서 애쓸 일, 살아 가야 될 비전, 뚫고 가야 될 스트레스 요인이 없는 것이구나. 자연히 무기력한 삶을 살 수밖에 없는 것이구나"란 생각이 들었다.

적당한 스트레스는 생활에 필요하다. 그래서 사람이 삶의 의미와 목적이 없을 때는 별것도 아닌 것에 목숨을 쉽게 끊는다. 자신의 삶에 의미가 있어야 우리가 살아갈 수 있다. 아무리 고달프고 힘들어도 그 일에 어떤 삶의 의미가 있을 때 우리들에게 살아갈 힘이 생기는 것이다.

우리 가족 중에서 내 위로 언니들이 세 명 자라나고 있을 어릴 때였다. 아버님이 폐결핵을 앓아 인천의 요양소에 계셨었다. 그 때 어머님은 50년 전에 이미 미용사 자격증을 따서 돈을 벌어 아버님 병원비를 대고 계셨다.

그런데 6·25가 터졌다. 그 동안 어머님은 과로에다 영양실조 상태였는데, 남편을 고쳐서 살아보겠다던 어머님이 6·25전쟁이라는 현실 앞에 충격을 받은 것이었다. 어머니는 정신이상이 생겨서 정신착란 증상을 일으키셨다.

아버지는 사람이 영양실조로 인해 정신착란이 왔을 경우에 임신하면 돌아올 수가 있다는 얘기를 군의관에게서 들었다. 그래서 아버지가 기도하는 마음으로 어머님께 접근하여 아기를 잉태하게 되셨다.

그런데 아이가 태중에서 자라나면서 어머님이 치유가 되셨다. 이상하게 하나님은 한 생명을 탄생시킬 때 산모가 입덧을 열 달을 해서 밥을 못 먹어도 입덧하다 죽었다는 얘기는 못 들었다. 그렇다. 하나님은 전지전능한 분이시다. 생명 하나를 탄생시키기 위해 딱딱한 대지 위에 새싹이 나와서 꽃을 피우는 것처럼 생명력을 주시는 분이다. 생명 하나를 살리기 위해 산모까지 돌보시고 태아가 6개월이 될 때 어머님이 교회에서 정신이 돌아오셨다. 무엇인가가 뱅뱅 돌다가 점차 서서히 돌면서 정지가 되었는데 십자가가 보이면서 정신이 정상으로 돌아왔다고 한다. 그런 사실을 내가 중학생이 되었을 때 부모님이 말씀해 주셨다.

"너는 태내에서부터 예임을 받고 태어난 딸이다. 너는 영육간에 집안에 좋은 일을 했단다."

그 아기가 바로 나였다. 그리고 나는 그 일이 내 삶에 굉장히 의미 있게 생각되었다.

> 나는 오늘도 내 존재의 의미를 하나님께 두고 산다. 오늘의 나는 하나님의 작품이고, 멋진 창조물이다. 예수님께서 나를 위해 죽기까지 하시면서 사랑으로 만나 주셨고, 성령님께서는 나에게 귀중한 은사를 주셨다. 또한 사랑의 공동체 교회에서 내게 주신 은사를 잘 활용하도록 격려까지 해 주고 계신다. 오늘도 감사하며 살아갈 것을 다짐한다.

정리 및 도움말

가족간의 대화가 아쉽다

신문이나 텔레비전 뉴스를 보면서 가족간의 대화 부족과 갈등 해소의 실패를 너무 안타깝게 생각하는 경우가 많이 있다. 진정으로 대화를 잘 하고 있는 가족이 많지 않음을 알 수 있다. 이것은 여러 가지 측면에서 그 문제점을 제기해야 이해가 된다.

각 가정의 문화적 배경

집집마다 분위기는 약간씩 다 다르다. 대화가 많은 집이 있고, 대화가 없어도 잘 돌아가는 집이 있을 것이다. 말하는 것을 좋아하는 것과 대화를 잘 하는 것은 차이가 있다.

우리는 누구나 말은 할 줄 안다. 그렇다고 그것이 대화를 잘 하는 것이라곤 생각지 않는다. 말은 단지 언어이지만, 대화란 너와 나의 인격적인 의사소통이 되어야 가능하다. 일방적으로 권위자가 말씀을 하고 아랫사람은 그저 고개를 숙인 채 들어야 하는 것은 대화가 아니다. 피차의 생각과 정보와 감정 등을 나누면서 무언가 소통이 되어야 한다.

그런데 우리나라는 아직도 유교사상이 강하게 부분적으로 남아 있어서 아랫사람이라는 이유만으로 좋은 의견이 얼마나 무시되고 있는지 모른다. 특히 생각과 비전이 용솟음치는 젊은이들의 창조적인 의견이 제대로 수용되는 문화가 아니다. 의견이 반영되지 않는 과정에서 인격적인 무시까지 당할 때는 내적으로 마음의 병이 생기게 마련이다. 그것을 깊이 있게 배려하지 않고 어른들은 마음 놓고 말씀하고,

그 결과 아이들은 차츰 만성병에 걸려가고 있음이 안타깝기만 하다.

세계화를 지향하기 위해선 어린아이들의 말하는 것이 설령 미숙하다 할지라도 성의껏 답해 주는 부모와 친척들의 태도가 아쉽다. 공중목욕탕이나 길거리에서 떼를 쓰는 아이들을 향해 부모들은 곧잘 무서운 얼굴과 협박과 공갈로 아이들을 단번에 잠재운다.

"경찰이 잡으러 온다."

"너 이따가 아빠한테 이른다."

"머리에 피도 안 마른 놈이 …"

"너 집에 가서 죽을 줄 알아!"

우리 어른들의 언어폭력이 너무 심하다.

이렇게 악한 말의 씨를 뿌려놓고 "왜 공부 못하느냐?" "왜 잘 하지 못하느냐"고 한다면 그들은 진정으로 부모될 자격이 없는 것이다.

예전의 박한상도 "호적에서 빼어 버리겠다"는 말을 부모에게서 수없이 들었고, 김 교수도 '너는 사업할 놈이 못된다'는 기가 완전히 꺾이는 소릴 들었다.

"그런 사소한 말을 듣고 어떻게 패륜을 저지를 수 있느냐"고 반문하실 분이 많겠지만, 말은 보이지 않는 살인 무기이다. 사람이 죽고 사는 것이 혀의 권세에 달렸다고 성경이 말하지 않았는가? 어떤 사건이 벌어졌을 때는 그것이 벌어질 수밖에 없는 사연과 공범이 분명히 있다.

툭하면 술 마시고 어머니를 구타한다고 아버지를 때려 숨지게 한 아들만을 우리는 탓한다. 그러나 이것을 좀 자세히 들여다보자. 왜 죽기 직전까지 부인을 거의 죽게끔 구타한 그 아버지는 탓하지 않는가. 아들의 행동은 둘이 살아남기 위한 정당방어일 수도 있지 않은가. 서서히 죽이고 있는 살인자에 대해선 우리는 왜 침묵하고 있고, 맨 나중에 죽인 사람만을 탓하는 것일까?

지금 구석구석에서 서서히 살인자들이 얼마나 커가고 있는지 모른다. 그들은 어떤 문제에 직면해서 대화를 할 줄 모르는 사람으로 커가다가 어느 날 살인이라는 형태로 자기의 속마음을 표현하는 무서운 지경에 이른다. 무엇보다 인격 형성의 기초가 형성되는 집에서부터 인격적인 대화가 이루어지는 가정이 많아질 때 이 사회가 건강해지고 세계화를 꿈꿀 수 있는 자신감 넘치는 세계인으로 자랄 수 있다.

사회적 분위기의 변화와 개혁

얼마 전 나는 친구가 어떤 사람에 대해 평가하는 말을 듣고 약간 거부감을 느꼈다. 그것은 우리가 많이 쓰고 듣는 표현 중의 하나의 말이다.

"그 사람은 참 말도 없고 성실하고 좋은 사람이야!"

왜 말이 없다는 것이 좋은 사람의 대명사처럼 따라 붙어야 하는가? 나는 분명히 말이 많은 사람이다. 그러나 나는 좋은 사람일 수도 있고, 또 성실한 면도 있는 사람이라고 착각하고 산다. 내가 말하고 싶은 요지는 이것이다.

"왜 우리 사회는 자기 표현을 잘 하고 밝고 명랑한 성격을 가진 사람을 경시하는 풍조인가."

대화는 인간관계의 디딤돌 역할을 한다. 천지창조 이후에 짐승과는 달리 우리 인간에겐 언어가 있기 때문에 존재할 수 있었고 풍요로운 삶이 이 언어를 통해 정보교환이 활발히 되었기에 가능했다. 음식은 오래 씹을수록 맛이 나고, 노래는 불러야 하며, 사랑은 표현되어야 전달되고, 말은 해야 소통이 된다고 다시 한 번 강조하고 싶다.

그런데 정말 걱정되는 일은 학교의 학습과정에서 교육을 너무 일방적으로 받는다는 것이다. 친구들과 이야기하는 것이 곧 대화 연습일 수 있는데, 한 학급에 50-60명씩 모아 놓은 학습 환경을 바꿀 대안은 세우지 않고 그저 떠들지 말라고 학생들을 벙어리로 만들고 있다. 상황이 이러는데 아이들에게 언제 건전한 대화의 분위기가 조성되겠는가. 노는 시간 10분간도 말하지 말라고 야단치고, 새벽 6시부터 밤늦게까지 학생들을 학교와 학원에 붙잡아 놓는 현 상황에선 욕구불만과 노이로제에 걸린 학생과 부모만을 이 시대가 생산하고 있는 것이다. 이런 상황에서는 자녀들과 좋은 대화를 나누며 전인교육을 시킬 수가 없다. 요즘 청소년의 은어나 욕이 너무 팽대해지는 이유를 우리 기성세대는 걱정하게 된다.

속사람의 성숙도와 정신건강

나는 말하는 재미로 사는 사람 중의 하나이다. 좀 우스운 말 같지만 묻는 말에만 겨우 대답하는 사람을 대하면 이런 사람은 무슨 재미로 사는지 궁금하다. 일단 사람을 만나면 나는 나 자신에 대해 알릴 것도 많고 상대방에 대하여 알고 싶어서 남녀노소를 가리지 않고 말을 하고 싶어진다. 무엇보다 내가 사람에게 관심이 많고 사람을 좋아한다. 이렇게 된 데에는 친정아버지의 영향이 컸다.

나그네 같은 인생길을 가면서 여러 사람을 접하다 보면 대화가 안 되는 사람이 있다. 열심히 대화는 한다고 했는데 의사소통이 안 되고 더 답답한 상황이 생기는 경우가 있다. 그 이유는 대화의 스타일이 비합리적이고 부정적이며 비인격적이기 때문이다. 또 비판을 강하게 해서 상처도 되고 길게 이야기하고 싶지 않은 경우는 그 사람의 속사람이 병들어서 대화에 어려움이 발생되는 경우이다. 엑스레이로 찍히지도 않지만 성격에 장애가 있을 때 갈등이 오게 된다.

아버지를 죽인 김 교수가 아버지와 다툰 후 돈 때문에 범행했다고 고백했지만 분명한 것은 과거부터 누적된 모든 것들이 한꺼번에 불거져 나와 견딜 수 없었기 때문이다. 그렇게 내적으로 감정의 시한폭탄이 벌써부터 작동되고 있었던 것이다. 100억 이상의 재산을 가진 아버지가 2억 6천을 부도 맞은 아들에겐 너무나 멀고 냉정한 아버지였었다. 비록 돈은 못 줬다 하더라도 재기할 수 있도록 격려와 코치를 해줄 수는 없었을까?

충효만은 그렇게 강조하면서도 왜 아들의 위기는 강 건너 불구경하듯 하고 조그마한 성의와 여유를 베풀 수 있는 아버지가 될 수 없었을까? 아버지는 아들이 설 자리를 인정하지 않고 아들도 사람이라는 지극히 인간적인 모습을 사랑으로 받아 주지 못한 것 같다. 박한상이나 김 교수에겐 충효를 강요하는 권위주의적인 아버지보다는 칠전팔기할 수 있도록 여유가 있는 정서적 건강을 키워주는 너그러운 아버지가 필요했다.

이런 비극이 앞으로 다른 가정에서는 발생하지 않기를 기도한다. 겉사람만 자라게 할 것이 아니다. 부모들은 꼭 명심해야 한다. 자녀의 속사람이 성숙할 수 있도록 인격적인 자녀양육이 진정한 충효의 길인 것이다.

우리는 이상하게도 흑백논리가 많다. 내 의견이 관철되지 않으면 나 자신이 거부되었다고 확대 해석한다. 단지 상대방이 내 의견에 동의하지 않은 것 뿐이다. 그런데도 내 인격 전부가 손상되었다고 해석하는 경향이 있다. 이것은 어렸을 때부터 민주적으로 양육을 받지 않았기 때문이고, 아이들에게 객관성과 자율성이 배양되는 자녀양육을 시키지 않았기 때문이다.

열등의식이 많은 사람일수록 상대방이 어떻게 대하고 어떻게 말하던 간에 곧잘 상처 받고 벽이 쌓이게 된다. 결론적으로 감정이 통하는 대화에는 인격적이고 민주적 정신의 성숙이 요구되는 것이다.

대화는 꽃의 향기처럼 각 사람의 인격의 향기로 뿜어 나와야 한다.
꽃에서 각각의 독특한 향내가 나듯이, 각 사람 자신의 개성과 인격이 흘러 나와서
진정한 자기 자신을 표현할 수 있어야 한다.

추천도서

이동원_ [가정행전]. 규장, 1998.
정동섭_ [2일이면 더 행복한 결혼]. 이레서원, 2006.
할 어반_ [긍정적인 말의 힘]. 웅진윙스, 2006.
레스 패로트_ [아버지, 제가 어떤 아이가 되기를 바라셨어요?]. 요단, 2005.

에필로그

인생은 이런 것

몇 년 전 여름이었다.
무더운 여름의 하루가 기울어지고 있는 오후 4시쯤.
큰언니와 조카가 수원에서 대전 우리 집으로 내려 왔다. 덥고 지친 상태에 있었는데 물가에 잠시 쉬러 가자는 것이었다.
기차표도 사가지고 왔기 때문에 길게 생각할 겨를도 없이 우리는 떠났다. 더위에 지친 여름날 오후에 시원한 강가나 가자는 제안은 그 동안 답답했던 가슴에 확 뚫리는 시원함을 주었다. 그렇게 시작된 여행은 호남선 기차를 타고 섬진강이 내려다 보이는 곳에서 하차하였다.
강가 식당에서 식사를 한 뒤 오늘 저녁은 푹 쉬고, 내일부터 물놀이를 하기로 계획을 짰다. 일단 가까운 숙소를 찾기 위해 택시를 타고 기사 아저씨에게 물어보았다.

그러나 그 때부터 계획이 바뀌기 시작했다.

"섬진강변은 물살이 쎄니 위험합니다. 가까이에 있는 화엄사 계곡에서 놀다 가세요."

우리 일행은 화엄사가 지리산 입구라는 것을 나중에서야 알게 되었다. 우리는 말로만 들었던 국립공원 지리산에 온 것이었다. 계획에도 없던 산에 왔지만, 우리는 그저 도시탈출에 기뻐서 기대를 걸고 잠자리에 들었다.

다음 날 아침, 신선한 산공기를 마시며 아침 식사를 했다. 우리는 또 하나의 제안을 받았다.

"일단 버스를 타고 노고단 정상을 구경하고 내려와서, 다시 화엄사를 보러 가세요."

식사를 하고 있는데 음식점 아주머니가 살짝 귀띔해 주었다. 우리는 이번에도 계획을 바꾸어 노고단행 버스를 타고 지리산 일부가 보이는 곳에서 잠시 시간을 즐겼다. 우리의 차림새는 영락없이 산이 아닌 물가에 놀러 가는 사람들의 모습이었다. 모두가 샌달이나 슬리퍼를 신었기 때문이었다. 어느 누구도 산에 오르는 옷차림이 아니었다.

우리는 모든 사람들이 걸어가듯 가볍게 산책하는 마음으로 아무 생각 없이 걸어갔다. 서서히 올라가는 산책길 코스인 듯했다. 가는 길에 옥수수와 자두를 몇 개 사들고 걷기 시작했다. 노고단이 코 앞에 곧 닿을 듯이 보여 빠른 걸음으로 걸어갔다. 그렇게 그럭저럭 1시간 정도 걸었다. 그런데 노고단은 안 나오고 또 다른 정상이 나타나 멈추었다. 우리는 애초에 노고단에 올라 사진 한 장 찍고는 버스로 곧 하산할려는 생각을 갖고 출발하였다.

　바로 발 옆에서 등산복 차림의 남자가 땀을 흘리며 겨우 기어 올라와 우리 옆에 올라 섰다. 우리가 선 곳은 정상을 향해 올라온 등산객이 마지막 통과하는 계곡의 끝이며 우리에겐 계곡의 시작점이었다. 우리는 그들이 올라온 그 좁은 통로가 화엄사와 연결된 길이라 생각하니 버스 타러 뒤로 가기보다는 바로 발 옆의 통로로 내려가고 싶어졌다.

　계곡에 들어서자 곧 하늘은 울창한 숲으로 덮여서 거의 햇빛을 볼 수 없었고, 계속 되는 돌길은 끝없이 이어졌다. 눅눅한 이끼가 낀 돌길에 자꾸 샌달이 미끄러지고 넘어질 것 같아 신경 써서 걸어야만 했다. 그래도 우리는 상황을 잘 인식하지 못하고 두런두런 이야기를 나누며 천천히 걸어 내려갔다.

　이제 내려가는 길을 걸어가노라니 올라오는 등산객의 모습과 우리의 모습이 너무 대조적이었다. 우리 일행은 샌달에다 원피스 차림이었고, 우리 둘째아들은 반바지에다 학교 교실에서 신었던 고무 슬리퍼였다. 이 사실을 인식한 것은 계속 되는 계곡을 한두 시간 지날 때까지도 미처 생각지 못하다가 거의 도착지에 다 이르렀다고 생각할 때였다.

　"여기서 화엄사 다 와 갑니까?"
　"아직 반도 못 왔어요. 앞으로 세 시간은 더 가셔야 합니다."
　우리 네 명은 어안이 벙벙했다. 너무 모르니까 용감했고, 시도를 할 수 있었다. 지리산이 얼마나 깊은 산인지 모르니까 샌달을 신고 산을 내려올 생각을 했던 것이다. 이때 나에게 섬광처럼 스치는 생각이 있었다.

"언니! 우리 인생길도 앞에 무슨 일이 일어날지 모르니까 이렇게 살아갈 수 있는 것 같애! 우리가 미리 알고 떠난 인생길이라면 어디 겁나서 떠날 수 있었겠어? 언니나 나나 다 힘든 생활 하는데, 우리가 앞일을 모르니까 하루하루 겁없이 살아가는 것 같애. 이렇게 슬리퍼 신고 준비도 없이 떠나듯이, 준비 없이도 이렇게 살아가는 것이 인생길인가 봐!"

"그래, 맞아! 그런데 간단히 생각하고 떠난 여행길이 이런 고생스런 인생길이었더라면, 절대로 이 길을 걷지 않았을 거야…."

큰언니와 나는 우리의 힘든 생활을 솔직하게 다 나누며 살고 있고, 또 그렇게 살아갈 것이다. 물론 점심은 사 먹을 데도 없었고, 단지 손에 간단히 들고 간 자두 몇 개로 목마름을 잠시 달래듯이 서로의 어려움이나 기쁨을 잠시 잠시 나누면서 말이다.

드디어 장장 5시간에 걸쳐 지리산 계곡을 내려와 목적지인 화엄사에 도착하였다.

험한 산을 뒤돌아보며 내가 말했다.

"그래도 언니랑 함께 말동무가 되어 내려오니까 하나도 지루하게 느껴지지 않았잖아!"

그렇다.

우리는 누구나 자신의 인생 여정을 뒤돌아 보며 가슴에 회한을 느끼거나, 보람을 느낄 것이다. 그러나 이 모든 일 속에서 자두 알처럼 우리의 목마름을 적셔 줄 인간관계 때문에 오늘도 한 걸음을 걸을 수 있었다. 평범한 인간관계를 통해서 우리의 행로를 바꾸었던 일들 가운데, 우리가 하나님의 인도하심을 인식할 수 있다면 더 없는 축복을 누릴 수 있을 것이다.

가정을 위하여

고마우신 하나님 아버지!
이 아름다운 계절에 우리에게 가정을 주심을 감사드립니다.
가정은 비오는 날의 우산이며,
뜨거운 태양 밑의 양산입니다.
가정은 지친 등산객에게 베이스 캠프이며,
거친 파도에 시달린 항해사들에게 안식의 항구와도 같습니다.
가정은 엄동설한에 찾을 움막집입니다.
이곳에서 우리는 안식하고 비를 피하고
더위를 식히며 정서적 산소를 공급받습니다.
그러나 지금 자연재해를 당하듯이
가정이 붕괴되고 무너지고 있습니다.

주여!
가정은 당신이 제일 먼저 만드신 기관입니다.
당신이 창조주이시고 설계사가 되십니다.
우리에게 설계도를 보여주십시오.
어느 곳에 보수가 필요한지 알아야 되겠습니다.
하지만, 우리에겐 보수의 능력이 필요합니다.
우리에겐 도구는 있습니다.
그러나 보수하는 능력은 당신에게 있음을 고백할 수밖에 없습니다.

주여!
대장장이에게 도구가 들려질 때
참된 회복과 치유와 재건이 있습니다.
깨어진 가정을 감싸주시고
흩어진 가정이 하나되게 하옵소서!
우리 한 사람 한 사람이
이 어두운 세상에 하나의 등대와 촛불이 되게 하옵소서.
이 목마른 여정에 하나의 샘물이 되게 하옵소서.
이 방황하는 세대에 하나의 나침반이 되게 하옵소서.
풍성하고 행복한 가정을 만드는 도구로
우리 모두를 사용하여 주옵소서!

이영애(저자·신성회 상담정보실장)